Friedrich Laux

Die Friedhöfe der frühen und älteren vorrömischen Eisenzeit bei Ehlbeck, Gem. Rehlingen, Landkreis Lüneburg

Die Urnenfriedhöfe in Niedersachsen

Begründet von Carl Schuchardt

Herausgegeben von Martin Schmidt

Band 18

Die Friedhöfe der frühen und älteren vorrömischen Eisenzeit bei Ehlbeck, Gem. Rehlingen, Landkreis Lüneburg

Die Ergebnisse der Ausgrabungen in den Jahren 1971 und 1973

von Friedrich Laux

Die Deutsche Bibliothek – CIP Titelaufnahme
Ein Titelsatz für diese Publikation ist bei der Deutschen Bibliothek erhältlich
(www.ddb.de)

ISBN 978-3-938078-11-2
ISSN 0931-6280

Satz und Layout: Werner Schön
Welt und Erde Verlag, Kerpen-Loogh

Einbandgestaltung; Karl-Heinz Perschal und Werner Schön

Herstellung: Books on Demand GmbH, 22848 Norderstedt

Vertrieb: Welt und Erde Verlag, Dr. Birgit Gehlen & Dr. Werner Schön, An der Lay 4, 54578 Kerpen-Loogh;
weltunderde.verlag@gmx.de oder beim Niedersächischen Landesmuseum Hannover

Vorwort

Der Verfasser stand im Herbst 1971 vor der Entscheidung, welchen von drei ihm mehr oder weniger gleichzeitig gemeldeten Urnenfriedhöfen der älteren vorrömischen Eisenzeit er untersuchen sollte, zumal Mittel und Zeit, da auch noch andere Ausgrabungen am Laufen waren, kaum vorhanden waren. Ein völlig zerpflügter Urnenfriedhof lag auf einem Acker bei Erbstorf, Gem. Adendorf, ein weiterer, vermutlich weitgehend unbeschädigter, in einer Kleingartenkolonie auf Fuße des „Kronsberges" bei Rullstorf und der letzte schließlich auf einem Acker in Ehlbeck, Gem. Rehlingen, alle Landkreis Lüneburg. Verfasser entschloß sich für die Ausgrabung des Urnenfriedhofes in Ehlbeck, da sich hier ein interessanter Forschungsansatz ergab, da genau gegenüber auf dem anderen Ufer des Ehlbeck mehrere Grabhügel der früheisenzeitlichen Wessenstedt-Gruppe lagen, von denen Verfasser kurz zuvor einen untersucht hatte.

Die Ausgrabung erfolgte unter Leitung des Verfassers in den Jahren 1971 und 1973 durch die seinerzeitige Grabungsmannschaft des Museums für das Fürstentum Lüneburg, dem Ehepaar Jürgensen, Erwin Schneider und meiner Frau, ferner durch Studenten der Hamburger Universität, Institut für Vor- und Frühgeschichte, sowie durch Schüler aus Lüneburg und Amelinghausen. Nicht nur ihnen gilt mein besonderer Dank, sondern auch den Grundeigentümern, den Hofbesitzern Schlumbohm und Becker, die mit großem Interesse den Fortgang der Arbeiten verfolgten und nach Kräften förderten.

Die Fundzeichnungen vom Urnenfriedhof Ehlbeck fertigte zum größten Teil Adolf Brebbermann aus Lüneburg an, alle übrigen stammen vom Verfasser. Sofern Zeichnungen von Urnen und Beigaben übernommen wurden, finden sich entsprechende Hinweise in den Tafelunterschriften. Alle übrigen wurden nach den Originalen erstellt.

Die Ausgrabung erfolgte mit Mitteln des Niedersächsischen Zahlenlottos und solchen des Museums für das Fürstentum Lüneburg.

Inhaltsverzeichnis

Einleitung

Einleitung

Die Ortschaft Ehlbeck liegt am Rande der Raubkammer, einem ausgedehnten Forstgebiet im Südwesten des Landkreises Lüneburg. Ein kleiner Bachlauf, dem die Ortschaft ihren Namen verdankt, schlängelt sich ostwärts hin zur Lopau, einem Nebenarm der Luhe. Auf dem sanft zum Bachtal hin abfallenden Nordhang (Topographische Karte 1:25.000 Blatt Wriedel 2927; R. 3578875, H. 5883600), etwa 1,2 km östlich der Ortschaft, unmittelbar südlich der nach Rehlingen führenden Landstraße wurde im April 1971 vom Hofbesitzer Schlumbohm beim Tiefpflügen ein Urnenfriedhof angetroffen (Taf. 1). Eine sofort durchgeführte Notbergung zeigte zwei Ansammlungen von Urnen der älteren vorrömischen Eisenzeit. Noch im Herbst des gleichen Jahres wurde eine kleine Flächenabdeckung vorgenommen, nämlich ein langer, parallel zum Hang verlaufender Suchschnitt, um Aufschluß über die Größe und Ausdehnung des Friedhofes zu erlangen. Mit der planmäßigen Ausgrabung des Urnenfriedhofes selbst konnte dann allerdings erst im Herbst des Jahres 1973 begonnen werden. Die Grabung wurde mit Mitteln des Niedersächsischen Zahlenlottos ermöglicht. Insgesamt wurden 208 Bestattungen bzw. Kenotaphe ausgegraben.

Der Fundplatz liegt nur etwa 300 m von jener Stelle entfernt, wo Franz Krüger 1922 einen anderen Teilbereich (Topographische Karte 1:25.000, Blatt Wriedel 2927; R 3579050, H 5883750) dieses Friedhofes, der durch eine Bodenwelle vom Urnenfriedhof Ehlbeck getrennt ist, in einer Notgrabung erfassen konnte (Krüger 1926, 77 ff.). Zwischen beiden Fundplätzen verläuft die Gemarkungsgrenze der Ortschaften Ehlbeck und Rehlingen. Auch diese Ausgrabung wird im Folgenden noch einmal vorgestellt (Taf. 1).

Auf dem gegenüberliegenden südlichen Ufer des Ehlbecks liegt ein weiterer Bestattungsplatz, nämlich eine Anzahl von flachen, vollständig überpflügten Grabhügeln auf dem Gelände der Hofbesitzer Becker und Schlumbohm. Einer der westlichsten dieser flachen Grabhügel konnte noch untersucht werden (Topographische Karte 1:25.000, Blatt Wriedel 2927; R 3578680, H 5882420) (Taf. 1). Im Zentrum dieses Hügels fand sich eine vom Pflug zerrissene Steinkiste, in der Leichenbrand und Scherben aufgefunden wurden, die in die früheisenzeitliche Wessenstedt-Stufe datieren.

Auf dem gegenüberliegenden nördlichen Ufer des Ehlbecks wurde beim Absammeln des dortigen Ackers von Helmut Borkowski ein Siedlungsplatz der frühen Eisenzeit (Wessenstedt-Stufen) aufgefunden. Unter den meist sehr kleinen Scherben fanden sich auch einige Randscherben von hohen bzw. weitmundigen Gefäßen mit kaum abgesetzter Schulter. Bei einigen von diesen waren die Ränder mit Fingernageleindrücken verziert, andere wiesen einen Wellenrand auf.

Die beiden nur durch einen Bachlauf voneinander getrennten Nekropolen, einmal der Hügelgräberfriedhof der früheisenzeitlichen Wessenstedt-Stufe, zum anderen der Urnenfriedhof der darauffolgenden Jastorf-Stufe der vorrömischen Eisenzeit lassen einige grundsätzliche Fragen zum zeitlichen Verhältnis und zur Kontinuität der Bevölkerung offen. Löst der Jastorf-Friedhof den früheisenzeitlichen Vorgängerfriedhof ab? Wie ist das Verhältnis bei der Anzahl der Bestattungen auf den beiden Friedhöfen? Wo liegen diese Friedhöfe im Gelände? Wann enden die Wessenstedt-Friedhöfe und wann setzen die Jastorf-Friedhöfe ein? Was für historische Vorgänge stehen dahinter? Wann enden die jastorf-zeitlichen Urnenfriedhöfe im oberen Luhe-Tal?

1. Die frühe Eisenzeit

1.1 Der früheisenzeitliche Grabhügel

Beim Umbrechen von Weideland südlich des Ehlbecks, nördlich des von der Ortschaft Ehlbeck nach Bockum führenden Fahrweges fand Hofbesitzer Becker nahe einer in der Topographischen Karte 1:25.000 mit Hügelsignatur versehenen Stelle (Blatt Wriedel 2927; R 3578680, H 5884370) Scherben und Steine (Taf. 1).

Es handelt sich dabei um einen flachen Erdhügel aus dem westlichen Randbereich einer langgestreckten Gruppe von größeren und kleineren Grabhügeln, die sich nördlich des Weges Ehlbeck – Bockum hinzogen. Im Osten liegen unter Waldbewuchs mindestens vier größere Grabhügel, die – dem Augenschein nach – in die ältere bzw. mittlere Bronzezeit datieren. Nach Westen hin schlossen sich einige flache Grabhügel an, deren Steinumrandungen mit den Füßen ertastet werden können.[1] Im anschließenden Wiesengelände finden sich weitere flache Grabhügel, zu denen auch der nachfolgend beschriebene gehört.

Einer von diesen, auf dem Gelände von Hofbesitzer Becker gelegen, wurde beim Umbrechen der Wiese stark beschädigt und mußte 1971 untersucht werden. Der flache Grabhügel hatte einen Durchmesser von etwa 6,5 m; im Südwesten fanden sich in lockerer Streuung noch eine Anzahl von Feldsteinen, die ehedem den Hügelfuß bedeckt bzw. eingefasst hatten. Im Zentrum des Hügels wurde eine weitgehend auseinandergerissene Steinpackung angetroffen, zwischen der Scherben und Leichenbrand lagen (Taf. 2,1). Da einige Steine noch *in situ* beobachtet werden konnten, ließ sich aus den Überresten eine Steinkiste aus plattigen Seitensteinen rekonstruieren, die etwa 1,5 m lang und etwa 0,75 m breit war (Taf. 2,2). Der Boden war ebenfalls mit plattigen Steinen ausgelegt. Die Steinkiste selbst war wohl mit Feldsteinen abgedeckt, die nun die obere Steinlage bildeten. Nach der Größe der Steinkiste und der Anzahl der Gefäße zu schließen, die als Scherben im Inneren der Kiste geborgen werden konnten, liegt hier vermutlich eine Doppelbestattung vor.

Bei der Grabanlage handelt es sich um eine für die frühe Eisenzeit kennzeichnende Bestattung.
Aus den geborgenen Scherben ließen sich mehrere Gefäße rekonstruieren:

Bauchige Terrine, möglicherweise auch Tasse mit niedrigem, abgesetztem Hals, am Halsansatz umlaufende Riefe, auf der Schulter einzelne Dellen (Dm. ~1,0 cm), braungelb, poliert. H. 24,0 cm; Mdm. 30,0 cm; gr. W. 35,5 cm; Bdm. 9,6 cm (Taf. 2,3).

Bauchige Tasse mit ausladender Randlippe, dünnwandig, schwarz poliert. H. ~11,0 cm; Mdm. ~11,0 cm; gr. W. ~15,0 cm; Bdm. 4,5 cm (Taf. 2,4).

Bauchige Terrine, Hals fehlt, Boden schwach eingewölbt, schwarzbraun, fein gemagert. H. ~10,0 cm; Mdm. ~16,0 cm; gr. W. ~17,0 cm; Bdm. ~4,5 cm (Taf. 2,5).

Bruchstück einer eisernen Nadel.

[1] Auskünfte und Hinweise vor Ort verdanke ich Herrn Dr. F. Schlumbohm, auf dessen Gelände diese Hügel liegen.

1.2 Die früheisenzeitliche Wessenstedt-Stufe im Lüneburgischen

Welche zeitliche Stellung innerhalb der frühen Eisenzeit nimmt der Grabhügel aus Ehlbeck und seine Funde innerhalb der Wessenstedt-Zeitstufe ein? Um diese Frage zu beantworten zu können, ist erst einmal ein Überblick über die verschiedenen chronologischen Vorstellungen zur frühen Eisenzeit im Lüneburgischen notwendig.

Für die frühe vorrömische Eisenzeit bezeichnete Schwantes (Schwantes 1909, 140 ff.; 1911, 3 ff.) die Funde und Befunde des wenige Jahre zuvor veröffentlichten und zugleich vollständig ausgegrabenen Urnenfriedhofes auf dem Brommbarge bei Wessenstedt, Gem. Natendorf, Ldkr. Uelzen (Meyer 1897, 17 ff.), als kennzeichnend. 1935 gliederte er die frühe und ältere vorrömische Eisenzeit erneut, wobei er erstere jetzt in die Unterstufen Beldorf und Wessenstedt aufteilte (Schwantes 1935, 31 ff.). 1955 schob er dann zwischen die bisherige Wessenstedt-Stufe und die Jastorf-Abfolge noch eine weitere Zeitphase, die Stufe Tremsbüttel, die er allerdings hauptsächlich über Hortfunde definierte (Schwantes 1955, 86 Anm. 39).

Die Vorlage der Funde der vorrömischen Eisenzeit aus den nordosthannoverschen Kreisen Lüchow-Dannenberg, Lüneburg, Uelzen und Soltau-Fallingbostel durch Krüger brachte im Hinblick auf die frühe Eisenzeit gegenüber den Erkenntnissen von Schwantes keine nennenswerten Fortschritte (Krüger 1961). Eine Modifizierung der Vorstellungen von Schwantes erfolgte dann für den nordostniedersächsischen Bereich durch Harck, der die ursprüngliche Wessenstedt-Stufe erneut zweiteilte, nämlich in eine Stufe „Jüngere Bronzezeit III" und „Vorrömische Eisenzeit Ia"(Harck 1972, 22 ff., Tab. A).

Was unterscheidet nun die Stufen von Schwantes von denen, die Harck 1972 aufgestellt hat? Beide Bearbeiter sind sich einig, daß die Beisetzungen unter flachen, seltener mittelhohen Grabhügeln oder in Flachgräbern erfolgten. Die Urnenbeisetzungen wurden freistehend im Sand oder in Steinkisten, die auch mehrere Bestattungen enthalten können, vorgenommen. Ein Steinschutz bei den Urnen ist nicht unbekannt. Die Mehrzahl der Urnen ist mit einer Deckschale abgedeckt; in oder neben ihnen findet sich häufiger ein kleines Beigefäß.

Für die Wessenstedt-Stufe sind nach Schwantes (1911) verschiedene Urnenformen kennzeichnend, so hochhalsige Gefäße mit bauchigem Unterteil und teilweise deutlich von der Schulter abgesetztem, tonnenförmig ausgebauchten Hals, weitmundige Terrinen mit niedrigem oder höherem Hals, ferner doppelkonische Gefäße mit gerundetem Umbruch und eingezogenem Hals, tonnenförmige Zweihenkeltöpfe mit tiefsitzendem gerundetem Umbruch, sowie schwach ausgebauchte henkellose Töpfe. In den Verzierungsmustern der Urnen erkennt er Einflüsse der späten Lausitzer Kultur, nämlich der Billendorfer und Göritzer Gruppe. Die Deckschalen mit einen breiten Henkel sind entweder kegelstumpfförmig, schwach gewölbt mit einziehendem Rand oder der Rand bricht nach Innen mit einem scharfen Knick um. Unter den Beigefäßen, in aller Regel verschiedene Formen von Tässchen, befinden sich auch solche mit hohlem Fuß. Als Grabbeigaben nennt Schwantes Schwanenhalsnadeln aus Bronze und Eisen, scharflappige Wendelringe, eiserne Gürtelhaken (?), mondsichelförmige eiserne Rasiermesser, Schleifsteine und einmal auch einen bronzenen Knopf mit unterseitiger Öse.

1935 schob Schwantes zwischen seine eigentliche früheisenzeitliche Stufe und die vorangehende jungbronzezeitliche Periode V noch eine weitere Stufe ein, die er nach dem Urnenfriedhöfen von Beldorf, Kr. Rendsburg-Eckernförde (Hoffmann 1938, 74 f., Taf. XV; Menke 1972, 178 ff., Taf. 33), und Beierstedt, Ldkr. Helmstedt, im Braunschweigischen (Fuhse 1917, 134 ff.; Wendorff 1983, 215 ff.) benannte. Die Gefäße weisen einen hohen, am Rande nach außen gebogenen Rand auf. Neben Terrinen und bauchigen flaschenförmigen Gefäßen, mit und ohne kleine Henkel sind insbesondere auch Gefäße mit hochsitzendem Umbruch, schmaler Schulter und deutlich abgesetztem Hals kennzeichnend, hinzu treten Gesichts- bzw. Hausurnen sowie Kappendeckel. Als Verzierung finden sich auf dem Umbruch der Gefäße meist paarweise auftretende kegelförmige oder mit einer Eintiefung versehene Knubben. Unter den bronzenen Nadeln sind gestreckte Schälchenkopfnadeln, Rippenkopfnadeln, Scheibenkopfnadeln sowie solche mit rundem oder kegelkopfähnlichem Abschluß, sowie Stufennadeln zu nennen. Hinzu kommen trapezförmige Rasiermesser und einzelne Pinzetten, die als Spätformen der vorangehenden Periode V angesehen werden müssen.

An seiner eigentlichen Wessenstedt-Stufe sind dabei gegenüber früher (1911) keine Veränderungen festzustellen. Dies ändert sich erst 1955 (Schwantes 1955, 86, Anm. 39), als er zur Definition seiner neuen Stufe von Tremsbüttel nicht nur Depotfunde sondern auch einige Grabfunde heranzog, z. B. Wessenstedt, Gem. Natendorf, Ldkr. Uelzen, Grab 7 (Schwantes 1911, 24 f. Abb. 4. 7 u. 21, Taf. 1, 7-8), und Heitbrack, Gem. Emmendorf, Ldkr. Uelzen, Grabhügel 4, Urne 3 (Schwantes 1911, 53 f., Abb. 4-5). Bei dem Fund aus Wessenstedt handelt es sich einmal um ein hohes Gefäß mit hochsitzendem Schulterumbruch, schmaler Schulter und deutlich abgesetztem schwach geblähtem Hals, das mit einer Henkelschale mit steil aufsteigender Wandung abgedeckt war. In der Urne fand sich eine eiserne Schwanenhalsnadel. Neben dieser Urne stand eine weitere, ein Zweihenkeltopf mit gerundetem Umbruch in der Gefäßmitte, der ebenfalls mit einer Deckschale abgedeckt war. Auch in Heitbrack gehört eine eiserne Schwanenhalsnadel mit kugelkalottenförmigem Kopf zur Beigabenausstattung, ferner ein Bronzeknopf mit Öse. Die Urne, eine Terrine von doppelkonischer Form mit abgerundetem Umbruch war ebenfalls mit einer Deckschale mit gerade aufsteigender Wandung abgedeckt. Zu diesen Urnen kommen noch weitere aus Deutsch Evern, Ldkr. Lüneburg (Lienau 1911, 36 ff.; Laux 1977, 77 ff.). Es handelt sich dabei um ausladende Tassen mit Ritzzier auf der Schulter in Art der „Nienburger" Tassen.

Nach Harck zählen zu den typischen Gefäßen seiner Stufe „Jüngere Bronzezeit III" weitmundige bauchige Terrinen mit weichem oder abgesetztem Halsumbruch, gelegentlich gerautem Unterteil, häufiger auch einem kleinen Henkel oder Knubben auf der schmalen Schulter, ferner hohe, fast doppelkonische Töpfe mit weichem Umbruch in der Gefäßmitte. Als Deckschalen wurden mehr oder weniger hohe Henkelschalen mit nach innen gebogenem Rand verwendet; vereinzelt weisen diese Schalen auch eine Hohlkehle unter dem Rand auf. Den größten Teil der Beigefäße stellen Tassen, die gelegentlich eine kannelierte Schulter besitzen. Nahezu alle Grabbeigaben wurden aus Bronze gefertigt, so gestreckte Dreirippenkopfnadeln und Schälchenkopfnadeln sowie die Formen der Schwanenhalsnadeln. Nur wenige Nadeln sind aus Eisen, ebenso halbmondförmige Rasiermesser mit spitzzulaufenden Enden.

Die darauffolgende Stufe „Vorrömische Eisenzeit Ia" wird von Harck mit folgenden Urnenformen umschrieben: Weitmundige Terrinen (besser Tassen) mit abgesetztem Hals; der Henkel befindet sich dabei auf der Schulter oder wird vom Rand zur Schulter geführt, wo er in Zipfeln ausläuft; einige dieser Gefäße tragen eine Verzierung in „Nienburger Art". Hohe gegliederte und ungegliederte Gefäße mit Rauung auf dem Gefäßunterteil, hohe doppelkonische Gefäße mit weichem Umbruch, hohe Töpfe mit eingeschwungenem Ober- und Unterteil, Töpfe und Terrinen mit kräftigem Umbruch weit über der Gefäßmitte und konkaven nach innen geneigtem Rand. Auf dem Umbruch kommen Verzierungen vor. Zur Abdeckung wurden einfache Schalen mit nach innen gebogenem Rand bevorzugt. An die Stelle der Bandhenkel treten jetzt kleine Henkelknubben; ferner finden sich hohe henkellose oder einhenklige Schalen, hinzu kommen weitmundige Schalen mit S-förmigem Randprofil und flache Schalen, deren Böden durch konzentrische Rippen verziert sind. Beigefäße bleiben selten. An Grabbeigaben aus Bronze finden sich verzierte z. T. astragalierte Armringe, Armringe mit quadratischem Stabquerschnitt, Schwanenhalsnadeln mit eingerolltem Kopf, Nadeln mit tordiertem Ende und flachem Kopf, Fußzierfibeln und ein Knopf mit Öse. Aus Eisen finden sich kleine bandförmige Gürtelhaken, Schwanenhalsnadeln mit hohlem Kugelkopf, trapezförmige Rasiermesser, Kropfnadeln, gestreckte Nagelkopfnadeln und Pinzetten. Einige dieser Formen kommen auch noch in der darauffolgenden Jastorf-Stufe vor.

Wenn man die Verbreitung der von Harck zitierten Gräber mit Gefäßformen und Beigaben berücksichtigt, die er nicht unbedingt als Leittypen seiner Stufe „Vorrömische Eisenzeit Ia" angesprochen wissen möchte, nämlich hohe Töpfe mit geschwungenem Ober- und Unterteil, Deckschalen mit S-förmigem Randprofil, einhenklige Beigefäße, Bronzeknöpfe mit Öse, Bronzearmringe mit quadratischem Stabquerschnitt, eiserne Pinzetten, kleine eiserne Gürtelhaken sowie eiserne gekröpfte Nadeln, so finden sich diese selten im Kerngebiet der Lüneburger Heide, wohl aber im nordosthannoverschen Landkreis Lüchow-Dannenberg. Diese Landschaft ist zu allen Zeiten durch den bewaldeten Höhenzug des Drawehn von der westlich davor gelegenen Lüneburger Heide abgeschnitten und tendiert daher stärker zur Entwicklung in der Altmark und nach Mitteldeutschland und Mecklenburg hin.

Die von Harck aufgestellte Stufe „Jüngere Bronzezeit III" ist in großen Teilen identisch mit der von Schwantes vorgestellten Stufe von Beldorf und einem ganz geringen Teil (z. B. bronzene Schwanenhalsnadeln) mit der Stufe von Wessenstedt. Der weitaus größte Teil von Schwantes Stufe von Wessenstedt und derjenigen von Tremsbüttel ist dann identisch mit Harcks Stufe „Vorrömische Eisenzeit I a".

Zur Gliederung der früheisenzeitlichen Wessenstedt-Zeitstufe im Sinne von Schwantes (1909; 1911) liegt seit 2009 ein weiterer Vorschlag vor (Laux 2009, 69 ff.), der sich sowohl auf den verschiedenen Gefäßformen und den Grabbeigaben, als auch auf der Horizontalstratigraphie der verschiedenen mehr oder weniger vollständig ausgegrabenen Urnenfriedhöfe dieser Zeitstufe im Lüneburgischen gründet. Dabei läßt sich in der Lüneburger Heide die früheisenzeitliche Wessenstedt-Gruppe in mehrere Phasen (Zeitstufen) gliedern, eine erste Zeitphase (Wessenstedt I) mit verwaschenen Kegelhalsgefäßen und gegliederten weitmundigen Terrinen, sowie bauchigen Amphoren mit abgesetztem Hals, in eine zweite (Wessenstedt II) mit bauchigen ungegliederten Terrinen, kugelbauchigen Gefäßen mit kaum abgesetztem niedrigen Hals und gedrungenen doppelkonischen Gefäßen mit gerundetem Umbruch. In diese Zeitstufe gehören auch alle bronzenen Schwanenhalsnadeln und die ältesten Beigaben aus Eisen. Unter den Beigefäßen sind Billendorfer Einflüsse noch unverkennbar. In eine dritte Zeitstufe (Wessenstedt III) müssen hohe Töpfe mit schmaler Schulter und abgesetztem, hohen, leicht geblähtem Hals, hohe ungegliederte Töpfe sowie enghalsige Amphoren gestellt werden. Hierher gehören auch eiserne Schwanenhalsnadeln und andere Grabbeigaben aus Eisen. Einflüsse aus dem Bereich der Billendorfer Kultur finden sich nicht nur in den Gefäßformen, sondern auch in deren Verzierungen. Die abschließende, vierte Zeistufe (Wessenstedt IV) wird von weit- und engmundigen Tassen mit Schulterverzierung und hohen weitmundigen Töpfen, z. T. mit gekerbten oder auch nach Art der Harpstedter Rautöpfe gewellten Rändern gestellt. In der Schlußphase der Wessenstedt Kultur, der Zeitphase mit den großen weit- und engmundigen Tassen mit Dellen-, Riefen- und Ritzzier auf der Schulter, die im Mittelelbe-Havelgebiet und im Hannoverschen Wendland (Harck 1972, 24 ff.; Harck 1978, 31 f.) bereits als Frühjastorf (Stufe I a) bezeichnet wird, sind Einflüsse aus dem Bereich der Billendorfer Kultur nicht mehr faßbar, wohl weil die Hausurnen-Kultur, die bislang eine Vermittlerrolle innehatte, inzwischen ihr Ende gefunden hat. Jetzt, in der spätesten Wessenstedt-Stufe, überwiegen bei weitem neue Einflüsse aus dem Elbe-Havel-Gebiet und dem weiter entfernten mittleren Odergebiet. Danach endet im Ilmenau-Tal und in der westlich vorgelagerten Nordheide auf nahezu allen diesen Friedhöfen die Belegung.

Für die Urnen, die in kleineren und größeren Ansammlungen von flachen Grabhügeln, seltener Flachgräber oder als Nachbestattungen in bronzezeitlichen Grabhügeln, die in die frühe Eisenzeit (Wessenstedt-Stufen) oder in die von Harck aufgestellten Stufen „Jüngere Bronzezeit III" und „Vorrömische Eisenzeit I a" datieren, beigesetzt wurden, sind eine Anzahl von Gefäßformen und Deckschalen kennzeichnend, die sich von denen der zeitlich folgenden Jastorf-Stufen deutlich unterscheiden. An Grabbeigaben finden sich auf den früheisenzeitlichen Urnenfriedhöfen in der Lüneburger Heide in der Hauptsache Nadeln mit gestrecktem Schaft oder solche mit Schwanenhals, die in unterschiedlichen Kopfformen auslaufen. Andere Beigaben aus Bronze oder Eisen, wie scharflappige Wendelringe, Gürtelteile aus Eisen, mondsichelförmige Rasiermesser mit spitzen Enden u. a. bleiben dagegen selten.

Auf keinem der früheisenzeitlichen Friedhöfe im Ilmenau-Tal und im westlich benachbarten Luhe-Tal konnten dagegen gekröpfte Nadeln irgendeiner Form festgestellt werden; diese sind eine kennzeichnende Beigabe der Jastorf-Friedhöfe der darauffolgenden Zeitstufe.

Die früheisenzeitlichen Friedhöfe der Lüneburger Heide enden im allgemeinen noch vor dem Einsetzen der großen Jastorf-Friedhöfe, deren Nekropolen auch anderen Ortes in der Nachbarschaft angelegt wurden.

1.3 Weitere Urnenfriedhöfe der Wessenstedt-Zeitstufen im oberen Luhe-Bereich

Bei dem Grabhügel in Ehlbeck, Gem. Rehlingen, Ldkr. Lüneburg, handelt es sich um eine für die frühe Eisenzeit (Stufe von Wessenstedt) kennzeichnende Grabform. Auch Doppelbestattungen mit oder ohne Steinschutz sind für diese Zeitstufe nicht ungewöhnlich. Versucht man das am besten erhaltene Gefäß, eine bauchige, gegliederte Terrine mit niedrigem abgesetztem Hals innerhalb dieser Zeitstufe näher einzuordnen, dann bietet sich am ehesten die Stufe Wessenstedt III an. Es sind zwar nur wenige Scherben erhalten geblieben, doch reichen sie aus, um die äußere Form des Gefäßes sicherzustellen; dabei liegen keine Scherben vor, die auf den Ansatz eines Henkels hinweisen.

Betrachten wir noch die Gesamtsituation dieser nördlich des Fahrweges Ehlbeck – Bockum gelegenen Nekropole von großen und kleinen Grabhügeln (Taf. 1), dann könnte hier ein Bestattungsplatz vorliegen, der von der mittleren Bronzezeit bis in die Endphase der frühen Eisenzeit durchgehend belegt worden ist, wie es entsprechende Beobachtungen z. B. in Deutsch Evern, Ldkr. Lüneburg (Laux 1977, 77 ff.), Tangendorf, Gem. Toppenstedt, Ldkr. Harburg (Wegewitz 1949, 118 ff., Abb. 137; ders. 1977, 90 ff.), und auch in Dehnsen, Gem. Soderstorf, Ldkr. Lüneburg (Krüger 1924, 61 ff.), nahelegen.

Im oberen Luhe - Bereich wurden wiederholt Urnenbestattungen der frühen Eisenzeit (Wessenstedt-Stufen) angeschnitten, ohne das dabei eine größere Anzahl von Urnen geborgen werden konnte.

Westlich von Dehnsen, Gem. Amelinghausen, Ldkr. Lüneburg, liegt um die Höhe 84,9 ein ausgedehntes Gräberfeld von zahlreichen großen und kleinen Grabhügeln (Krüger 1924, 61 ff.), das seine Fortsetzung auf der benachbarten Gemarkung Soderstorf-Thansen, Ldkr. Lüneburg, findet (Wegewitz 1977, 228, Abb. 98). 1919/1920 konnte Krüger auf der Gemarkung Dehnsen 12 Grabhügel untersuchen, nämlich einen der älteren Bronzezeit, einen weiteren der Einzelgrabkultur mit früheisenzeitlichen Nachbestattungen sowie zehn kleinere der frühen Eisenzeit mit umgebenden Steinkranz und Steinsetzungen im Inneren, teilweise mit mehreren Bestattungen. Nach den erhaltenen, bzw. aus Scherben rekonstruierten Gefäßen zu schließen, datieren diese in die Zeitstufen Wessenstedt II und III (Taf. 3 – 4,6). 1936 wurden in einem kleinen, weiter nördlich gelegenen Grabhügel in einer Steinkiste 2 Urnen der Zeitstufe Wessenstedt I angetroffen (Wegewitz 1977, 239, Taf. 69) (Taf. 5, 2.4). Noch der jüngeren Bronzezeit zuzurechnen sind einige weitere Urnen (Wegewitz 1977, 239, Taf. 70) (Taf. 5, 1.3), die zusammen mit jenen eingeliefert wurden. Unter den aus der Sammlung Dr. Bünte vom Landesmuseum in Hannover erworbenen Urnen und Nadeln finden sich neben solchen der jüngeren Bronzezeit auch eine der Zeitstufe Wessenstedt I (Wegewitz 1977, 239, Taf. 70) (Taf. 4,6).

Aus einem ähnlich großen, allerdings im Laufe der letzten beiden Jahrhunderte vollständig zerstörten Urnenfriedhof bei Oelstorf, Gem. Salzhausen, Ldkr. Harburg, stammen zahlreiche Urnen und Grabbeigaben der früheisenzeitlichen Zeitstufen Wessenstedt I – IV (Laux 2009, 73, Abb. 14 – 16) (Taf. 5,5 – 7, 12). Auch dieser Urnenfriedhof setzt mit der Belegung spätestens in der jüngeren Bronzezeit ein, doch wird auch von älter- und mittelbronzezeitlichen Grabhügeln berichtet.

Ein größeres früheisenzeitliches Gräberfeld mit ca. 40 kleineren und größeren Grabhügeln lag an der Luhe bei Wohlenbüttel, Gem. Oldendorf, Ldkr. Lüneburg (Eger 1999, 329). Vor einer Ausgrabung wurde dieses Gräberfeld weitgehend zerstört. Einer dieser Grabhügel, auf der Amelinghausener Feldmark beim Klärwerk südlich des Zusammenflusses von Luhe und Lopau östlich der nach Salzhausen führenden Landstraße gelegen, wurde 1963 untersucht (Körner, Laux 1971, 84). Im Mantel eines mittelbronzezeitlichen Grabhügels mit einer beigabenlosen Brandbestattung war eine Anzahl von Urnen eingetieft, die teilweise von einem Steinschutz umgeben waren (Taf. 9, 1-9) Die Urnen datieren in die Zeitstufen Wessenstedt II – IV. An Beigaben fanden sich Bruchstücke von bronzenen Nadeln und Eisenreste.

In Drögennindorf, Gem. Betzendorf, Ldkr. Lüneburg, schloß an eine kleine Gruppe von bronzezeitlichen Grabhügeln ein jungbronzezeitlich/früheisenzeitlicher Urnenfriedhof an (Laux 2005, 14 f., Abb. 6), der bei der Anlage eines jüngeren spätlatènezeitlichen Urnenfriedhofes zerstört wurde. Erhalten blieben drei Urnen, von denen zwei in die Zeitstufen Wessenstedt II und III datiert werden können, die dritte ist jungbronzezeitlich (Taf. 7,13 - 15).

Weitere Urnen wurden als Nachbestattungen in stein- und bronzezeitlichen Grabhügeln geborgen.

Eine im Museum für das Fürstentum Lüneburg unter der Fundortbezeichnung „Umgebung von Rehlingen, Ldkr. Lüneburg" (Inv.-Nr. 163:84) magazinierte Terrine mit hochsitzender Schulter und zwei Henkeln, die den Hals-Schulter-Umbruch überbrücken (Taf. 8, 9), stammt vermutlich aus einem der zahlreichen älter- und mittelbronzezeitlichen Grabhügeln auf der Gemarkung. Das Fundstück datiert in die Zeitstufe Wessenstedt I.

Nordwestlich des „Haselhops", an der Gemarkungsgrenze nach Sottorf liegt noch auf der Gemarkung Amelinghausen, Ldkr. Lüneburg, ein Grabhügel der Einzelgrabkultur mit Nachbestattungen der frühen Eisenzeit (Körner 1938, 52 ff. Abb. 4-8). Die drei dicht beieinander stehend angetroffenen Urnen (Taf. 8, 1-7) datieren in die Zeitstufe Wessenstedt III, was auch die Grabbeigaben aus Eisen unterstreichen.

Nordöstlich von Sottorf, Gem. Amelinghausen, Ldkr. Lüneburg, wurde im Randbereich eines Grabhügels, der über einem Megalithgrab aufgeschüttet war, eine reich verzierte Urne der frühen Eisenzeit (Zeitstufe Wessenstedt IV) (Taf. 8, 10) geborgen.

Aus Raven, Gem. Soderstorf, Ldkr. Lüneburg, liegt eine Urne der Zeitstufe Wessenstedt III vor, die am „Hiltenberg" gefunden worden sein soll (Wegewitz 1977, 222, Taf. 70) (Taf. 8, 8).

Aus Eyendorf, Ldkr. Harburg, stammen zwei bronzene Schwanenhalsnadeln, die über die Sammlung Wellenkamp in das Landesmuseum in Hannover gekommen sein sollen (Wegewitz 1977, 186, Taf. 52) (Taf. 9, 10 – 11). Sie datieren in die früheisenzeitliche Stufe Wessenstedt II.

Als Ergebnis der Aufzählung der früheisenzeitlichen Bestattungen aus dem oberen Luhe-Bereich kann festgehalten werden, daß es sich dabei jeweils um kleinere Gruppen mit flachen Grabhügeln handelt, die häufiger im Anschluß an älter- und mittelbronzezeitliche Grabhügel angelegt worden sind. In diesen kleinen Nekropolen wurden etwa 30 - 50 Personen beigesetzt. Daneben gibt es auch kaum seltener Nachbestattungen in älter- und mittelbronzezeitlichen Grabhügeln.

Von Bedeutung ist, daß die Bestattungen häufiger schon in der jüngeren Bronzezeit einsetzen und bis in die Spätphase der Wessenstedt-Gruppe durchlaufen. Das heißt, die Nekropolen wurden mindestens 700 Jahre lang belegt.

2. Der jastorf-zeitliche Urnenfriedhof Ehlbeck 37 (Faltplan)

Die flächenhafte Abdeckung des Friedhofsareals – insgesamt wurde eine Fläche von 1350 m^2 ausgegraben – erbrachte den Nachweis von 208 Bestattungen und zudem auch einige interessante Einzelfunde. Während der Ausgrabung zeigte sich, dass durch das ständige Überpflügen ein Teil der Ackerkrume hangabwärts bewegt worden ist. Deutlich wird dies nicht nur durch die starke Beschädigung vieler Urnen und dem Fehlen von Deckschalen insbesondere im Nordwesten des Gräberfeldes (Taf. 30 A), sondern auch durch die oberflächennahe Lage der Standsteine bzw. der Urnenböden. Ebenso liegen in diesem Grabungsabschnitt die Leichenbrandnester ausgesprochen flach. Der breite fundleere Streifen im Osten des Gräberfeldes erklärt sich durch eine noch schwach im Gelände sichtbare Erosionsrinne. Die fünf Bestattungen im Osten des Friedhofes jenseits dieser Erosionsrinne gehören offensichtlich zu einer weiteren Gräbergruppe, deren Ausdehnung allerdings nicht weiter verfolgt werden konnte. Fundleere Streifen wie in Ehlbeck grenzen auch anderenorts einzelne Friedhofsteile gegeneinander ab, z. B. Putensen, Ldkr. Harburg (Wegewitz 1973, Abb. 14).

Dennoch bleibt die Frage, ob der Friedhof von Ehlbeck – zumindest im untersuchten Bereich – mehr oder weniger vollständig erfaßt werden konnte. Die Südgrenze hin zum Ehlbeck und auch die Grenze im Westen dürfte erreicht worden sein. Anders sieht es dagegen mit der Nordgrenze des Friedhofes aus, denn hier könnte sich der Urnenfriedhof weiter nach Norden hangaufwärts erstreckt haben. Die geringe Tiefe der Urnen und die weitgehende Zerstörung der Gefäße und aller Befunde ließen es als wenig gerechtfertigt erscheinen, die Ausgrabung in dieser Richtung weiter voranzutreiben. Auch im südöstlichen Bereich der Ausgrabungsfläche dürfte das Ende der Belegung in etwa erfaßt worden sein. Weitere Urnen und Leichenbrandnester sind dagegen ostwärts des fundleeren Streifens zu erwarten, was auch ein weiterer nur etwa 300 m entfernt auf der Feldmark von Rehlingen gelegener Friedhofsteil nahelegt.

2.1 Das Bestattungsbrauchtum

2.1.1 Steinkreise, Steinpflaster

Der Urnenfriedhof Ehlbeck ist, wie bereits ausgeführt worden ist, lange Jahre hindurch überpflügt worden. Von den ehedem vorhandenen obertätigen Grabmarkierungen und Kennzeichnungen können daher allenfalls nur noch geringe Reste erwartet werden, wenn man z. B. die Vielfalt der Möglichkeiten auf dem benachbarten Urnenfriedhöfen von Soderstorf, Ldkr. Lüneburg (Hässler 1976, 11 ff.), und Putensen, Gem. Salzhausen, Ldkr. Harburg (Wegewitz 1973, Abb. 6 – 11), in Betracht zieht, nämlich Kreispflaster, Steinringe, Abdecksteine und Stelensteine. Wenige Hinweise bzw. Überreste derartiger Grabkennzeichnungen haben sich, wenn auch stark zerpflügt und auseinander gerissen, im Westteil des Gräberfeldes erhalten. Hier liegen vier Kreispflaster in einer Reihe von Norden nach Süden (Taf. 30 B). Das südlichste dieser Steinpflaster könnte die Urnen 153 und 161 überdeckt haben, das nördlich anschließende die Urne 162. Ein weiteres blieb ohne Befund und im nördlichsten Pflaster dieser kleinen Gruppe fanden sich die Scherben der Urne 202. Noch weiter westlich dieser Gruppe finden sich ebenfalls Hinweise auf ein entsprechendes Steinpflaster bei Urne 170. Ein weiteres Steinpflaster wurde im Zentrum des Gräberfeldes zwischen den Urnen 110, 114, 127 und 116 beobachtet, allerdings blieb es ohne jeden weiteren Befund. Die Steinanhäufung im Bereich der Urne 48 könnte ebenfalls auf ein derartiges Steinpflaster hindeuten, desgleichen die vielen Steine bei Bestattung 136.

Ähnlich wie in Soderstorf und Putensen konnten auf dem Urnenfriedhof in Ehlbeck außer den Resten von Kreispflastern auch Gruppen von dichter beieinanderstehenden Urnen festgestellt werden. Es liegt daher nahe, zu versuchen, das äußere Erscheinungsbild dieser beiden benachbarten Urnenfriedhöfe, es kommt als dritter noch ein ebenfalls nie überpflügter Urnenfriedhof zwischen den Steingräbern der Totenstatt Oldendorf, Ldkr. Lüneburg (Hässler 1977, 41, Abb. 3), hinzu, auch auf dem zerpflügten und teilweise zerstörten Urnenfriedhof von Ehlbeck wiederzufinden. Geht man davon aus, dass dort, wo die Urnen keine dichten Ansammlungen bilden, sondern in einigem Abstand zueinander beigesetzt worden sind, ursprünglich Steinpflaster und Steinkreise von 2,0 - 3,0 m Durchmesser vorhanden waren, deren Steine im Laufe der Jahre vom Acker abgesammelt worden sind, dann zeigt sich ein überraschendes Bild: Auch in Ehlbeck gehörte es zum Bestattungsbrauchtum, kreisförmige Steinpflaster und eventuell auch Steinkreise anzulegen. Will man nun hier zu einer Unterscheidung kommen, wo ursprünglich Steinpflaster und wo Steinkreise angelegt worden sind, dann hilft – wenigstens teilweise – die Beobachtung, dass weiblicher Schmuck, nämlich Bombennadeln, gekröpfte Rollennadeln, Segelohrringe, geknickte Spiralohrringe, Glasperlen und Gürtelzubehör sowohl in Soderstorf (Hässler 1976, 66 ff., Karten 4-7), als auch in Putensen in Urnen und Leichenbrandlagern unter Steinpflastern angetroffen wurden, Toilettegerät wie Pinzetten und Rasiermesser dagegen in den dicht beieinander stehenden Urnengruppen und innerhalb der Steinkreise. Dies wird durch die in Ehlbeck noch möglichen Feststellungen unterstützt (Taf. 31 A). Die Leichenbrandanalysen aus Soderstorf bestätigen diese mit Hilfe der Beigaben gewonnenen Erkenntnisse nur teilweise. Zwar zeigt sich, dass unter den kreisförmigen Steinpflastern ausschließlich Frauen und Kinder beigesetzt worden sind, innerhalb der Steinkreise und in den dicht beieinander stehenden Urnengruppen jedoch außer Männern und Kindern auch mehrfach Frauen (Hässler 1976, 79 ff., Karte 15).

2.1.2 Brandgräber

In Ehlbeck wurden 208 Beisetzungen freigelegt. Der überwiegende Teil der Bestattungen, nämlich 172 Beisetzungen (84,3 %) erfolgte in Urnen, 33 (15,9 %) weitere wurden als Leichenbrandhäufchen angetroffen und bei den restlichen drei handelt es sich um Kenotaphe, Steinkisten ohne erkennbaren Inhalt (Taf. 31 B). Die Urnen standen in der Mehrzahl der Fälle auf einem oder mehreren flachen Bodensteinen. Ein Teil der Gefäße war regelrecht mit Steinen umpackt, häufiger dienten allerdings nur einzelne Steine zur Abstützung der Urnen. Steinkisten, in denen Urnen standen, konnten nicht beobachtet werden. Derartige Steinkisten traten lediglich bei den drei Kenotaphen in Erscheinung, die in Folge dessen ebenfalls als Bestattungen angesprochen werden müssen. In 86 Fällen konnte noch bestimmt werden, ob die Urnen mit einer Deckschale abgedeckt waren oder nicht. 55 Gefäße waren danach mit einer Deckschale abgedeckt, die übrigen 31 nicht (Taf. 30 A). Auffällig ist, dass das Brauchtum, Deckschalen zu benutzen, im südlichen Teil des Gräberfeldes häufiger beobachtet werden konnte, auf den übrigen Friedhofsbereichen bleibt das Verhältnis dagegen ausgeglichen. Eine zusätzliche Abdeckung mit einem flachen Stein konnte nur bei den Urnen 117 und 118 festgestellt werden. Bei der ebenfalls mit einem Stein abgedeckten Urne 152 gibt es dagegen keinen Hinweis auf eine ehemals vorhandene Deckschale.

Die Leichenbrandhäufchen dürften ehedem in einer Umhüllung aus organischem Material niedergelegt worden sein, die heute allerdings nicht mehr nachweisbar ist. In der Regel liegt der Leichenbrand auf einer Steinplatte, ein zusätzlicher Steinschutz ist nur selten vorhanden. Bemerkenswert ist der Befund von Bestattung 197. Hier wurde der Leichenbrand in einer natürlichen Aushöhlung der Bodenplatte gelagert. In vier Fällen (Bestattungen 38, 53, 11 und 121) ist der Leichenbrand mit einer Schale abgedeckt worden, einmal (Bestattung 185) mit einem flachen Stein. Die Leichenbrandhäufchen zeigen eine auffällige Konzentration in den kleinen Urnengruppierungen im Nordteil des Gräberfeldes, dagegen wurden im Südteil des Gräberfeldes, in den beiden großen Bestattungsgruppen I und II, abgesehen von Bestattung 53, ausschließlich Urnen verwendet. Alle drei Kenotaphe wurden im Nordteil des Gräberfeldes beobachtet.

Grabgruben für die Beisetzung von Urnen konnten in keinem Fall erkannt werden. Unter Urne 94 fand sich weiterer Leichenbrand. Ähnlich ist der Befund bei Urne 36, wo neben dem Gefäß eine Grube mit Leichenbrand und Holzkohle aufgedeckt werden konnte. In beiden Fällen muß angenommen werden, dass der Leichenbrand, der nicht mehr in die Urne passte, unter bzw. neben dieser vergraben wurde.

Die Urnen 77 und 78 wurden unter einem gemeinsamen Steinschutz aufgefunden, was als möglicher Hinweis auf eine Doppelbestattung gewertet werden könnte. Auch bei Bestattung 112 könnte eine Doppelbestattung vorliegen, zumal aus den hier geborgenen Scherben zwei Gefäße rekonstruiert werden konnten, von denen das kleinere zu groß für ein Beigefäß ist.

Auf ein besonderes Brauchtum während oder nach der Beisetzung deuten die zahlreichen kleinen Holzkohleflächen hin, die vornehmlich im Süden und Westen des Gräberfeldes angetroffen wurden. In einem Fall war eine dieser Feuerstellen von drei Steinen eingefasst, die nach Nordwesten hin eine breite Lücke offen ließen.

Auch in Ehlbeck fand sich wie im benachbarten Soderstorf (Hässler 1976, 20) eine mit Leichenbrandrückständen, Holzkohle und Schlacke angefüllte Grube. Häßler deutet den Befund aus Soderstorf als Ustrine, als Einäscherungsplatz für den Toten, der in einer nahe gelegenen Urne beigesetzt worden ist. Die Grube in Ehlbeck ist etwas kleiner als jene aus Soderstorf; sie hat in NW-SO Ausrichtung eine Ausdehnung von 1,3:1,3 (bzw. 0,95) m. Um eine Ustrine wird es sich hier ebenso wenig wie in Soderstorf handeln, zumal dort auch Scherben von mindestens zwei Gefäßen, darunter einer Schale vorliegen. Allerdings kann nicht bezweifelt werden, dass es sich hier um Rückstände handelt, die von einem entfernter gelegenen Scheiterhaufen herangebracht worden sind. Die Scherbenfunde sprechen für ein bestimmtes Ritual, das während der Verbrennung am Scheiterhaufen erfolgte.

2.1.3 Der Urnenfriedhof Rehlingen

Den durch eine Bodenwelle abgetrennte, etwa 300 m weiter östlich vom Urnenfriedhof Ehlbeck gelegenen Friedhofsteil auf der Gemarkung Rehlingen erfasste der Lüneburger Architekt Franz Krüger (Krüger 1926) im Zuge einer Notgrabung bereits 1922. Dabei zeigte sich, dass dieser Friedhof noch nicht überpflügt worden war. Krüger untersuchte damals drei kleine Flächen, die zuvor schon durch Raubgrabungen angeschnitten worden waren. Die Flächen A und B liegen in Nord-Süd-Richtung etwa 25 m voneinander entfernt, wobei als gesichert gelten kann, dass auch im dazwischen liegenden Bereich Urnen beigesetzt worden sind.

Krüger untersuchte eine Fläche von etwa 25 m^2, wobei er 15 Bestattungen und eine Steinpackung von 1,2 m Länge und 0,8 m Breite, allerdings ohne Befund vorfand. Ähnlich wie auf dem weiter westlich gelegenen Friedhofsbereich auf der Gemarkung Ehlbeck handelt es sich bei den 15 Bestattungen um dichter beieinander stehende Urnen bzw. Leichenbrandhäufchen, die – da das Gräberfeld damals noch nicht überpflügt war – entsprechend den Befunden in Soderstorf, Ldkr. Lüneburg (Hässler 1976) – zumeist noch mit einem flachen Stein abgedeckt waren. Steinkreise und Steinpflaster konnten auf den relativ kleinen Flächen nicht beobachtet werden.

Von den 15 Bestattungen wurden 12 in Urnen vorgenommen, die durch Erddruck und Verwitterung z. T. zu zerstört waren, um sie zeichnerisch rekonstruieren zu können. Bei drei weiteren Bestattungen handelt es sich um Leichenbrandhäufchen, von denen die Bestattungen A1a und B10 mit einer Deckschale sowie zusätzlich noch einem flachen Stein abgedeckt waren.

Bemerkenswert ist der Befund von Fundstelle A1. Hier liegt nicht nur eine Doppelbestattung vor, nämlich ein Häufchen Leichenbrand (A1a), das mit einer Schale abgedeckt war, sondern auch eine Urne mit Deckschale (A1b), über die kopfüber eine mittelgroße Tasse mit Omphalosboden gestülpt war. Bei Urne B8 hatte man die Deckschale aufrecht in die Mündung des Zweihenkeltopfes gestellt, nachdem man zuvor den Rand der Urne durch Abschlagen etwas verbreitert hatte.

Schon vor der Untersuchung Krügers sollen bei der Beackerung des weiter nördlich gelegenen Heidestreifens Urnen gefunden worden sein (Krüger 1926, 85). 1937 gelangten noch die Scherben von 2 weiteren Urnen aus dem Bereich der Grabung Krügers in das Museum für das Fürstentum Lüneburg. Vermutlich handelt es sich um die Gefäße die bei der Raubgrabung von 1922 geborgen und mitgenommen wurden.

Zusammenfassung

Die beiden etwa 300 m auseinanderliegenden Friedhofsbereiche auf den Gemarkungen Ehlbeck und Rehlingen sind Teil eines einzigen, sehr großen Urnenfriedhofes der Jastorf-Stufe der vorrömischen Eisenzeit. Auf Grund der Ausdehnung wird man mit etwa 800 - 1000 Bestattungen rechnen dürfen, die bislang zumindest ausschließlich in die beginnende Jastorf-Zeit datieren.

2.2 Das Fundgut

2.2.1 Die Keramik

Der Urnenfriedhof Ehlbeck ist durch das ständige Überpflügen stark in Mitleidenschaft gezogen worden. Von den Gefäßen blieb lediglich die durch eine Steinpackung gut geschützte und zugleich tiefstehende Urne 54, sowie eine Anzahl von Beigefäßen unversehrt erhalten. Alle übrigen Gefäße mußten aus Scherben zusammengesetzt werden. Etwas besser ist die Ausgangslage bei dem auf der Gemarkung Rehlingen liegenden Friedhofsteil.

Alle Gefäße sind handgefertigt; entsprechend ist ihre Variationsbreite. Nachfolgend werden die einzelnen Töpfe zu Typen mit übereinstimmenden Merkmalen zusammengefaßt. Auch in Ehlbeck lassen ein-, zwei- und dreigliedrige Formen aussondern (Taf. 32 A), mit deren Hilfe bereits 1909 und 1911 Gustav Schwantes seine Untergliederung der ältereisenzeitlichen Stufen Jastorf a und Jastorf b vornahm (Schwantes 1909, 140 ff.; ders. 1911). Vom Friedhofsteil Rehlingen liegen ausschließlich ein- und zweigliedrige Gefäße vor.

2.2.1.1 Eingliedrige Töpfe

Typologisch ansprechbar sind noch 66 Gefäße, von denen auf die Gruppe der eingliedrigen Gefäße 15 Exemplare (26,5 %) entfallen. Allen Töpfen gemeinsam ist, dass der Hals ohne erkennbaren Absatz aus der Gefäßschulter aufsteigt. Dieser kann dabei konisch ausgebildet oder auch schwach konkav geschwungen sein. Die Randlippe ist – soweit erhalten – wenig ausgeprägt. Alle eingliedrigen Gefäße gehören der grob gemagerten, dickwandigen Tonware an.

Gefäße mit mehr oder weniger eiförmigem Körper

Von den noch genauer ansprechbaren eingliedrigen Gefäßen gehören die meisten – nämlich 8 – zu jenen mit mehr oder weniger eiförmigem Körper. Der Umbruch der relativ hohen Gefäße (H. ~ 30,0 cm) ist gleichmäßig gewölbt und sitzt über einem konisch aufsteigendem Unterteil. Der konkav einschwingende oder zylindrisch ausgebildete Hals endet in einer schwach angedeuteten Randlippe. Da die größte Weite der Gefäße in unterschiedlicher Höhe liegt, können einzelne Töpfe schlank, andere dagegen gedrungen wirken. Im letzteren Fall liegt die größte Weite etwa in halber Gefäßhöhe. Eine genaue typologische Ansprache würde sackförmige (Urne 3), eiförmige (Urnen 18 u. 177) und gleichmäßig gewölbte (Urnen 41, 47, 97, 149 u. 150) Formen unterscheiden. Alle Töpfe weisen eine, z. T. nur sehr schwach geraute Gefäßoberfläche auf, von der die glatte Halszone abgesetzt ist. An Verzierungen zeigt Urne 41 zwei rundliche Knubben am Halsansatz und bei Urne 149 ist das geraute Unterteil durch waagrechte und senkrechte Glättstreifen aufgegliedert.

Von diesen Gefäßen weicht jenes aus Grab 123 insofern ab, als es rundlicher wirkt und keinerlei Rauung aufweist, jedoch einen abgesetzten Standfuß besitzt.

An Beigaben fanden sich in den Urnen 97 und 150 jeweils nur Bruchstücke von gekröpften eisernen Nadeln. Als Stabkropfnadel kann allerdings die Nadel aus Urne 47 angesprochen werden.

Mehr oder weniger doppelkonische Gefäße

Von dieser Variante liegt nur ein Exemplar aus Bestattung 30 vor. Die Gesamthöhe des Gefäßes entspricht der größten Weite. Die untere Hälfte des Gefäßes ist aufgeraut, die Halszone – soweit noch erkennbar – geglättet. Folgende Beigaben, die auf die Bestattung eines Mannes hindeuten, fanden sich in der Urne: Bruchstücke einer eisernen gekröpften Nadel, ein halbmondförmiges eisernes Rasiermesser und eine eiserne Pinzette mit sich allmählich verbreiternden Wangen.

Zweihenkeltöpfe

Verschiedene eingliedrigen Gefäße gehören zur Gruppe der Zweihenkeltöpfe (Urnen 26, 49, 87, 94 und 191, sowie aus Rehlingen A 1 und B 8). Ihr Gefäßkörper ist gleichmäßig gewölbt, z. T. auch tonnenförmig ausgebildet; der Hals ist konkav eingeschwungen, ohne dass es zu einer ausgeprägten Randbildung kommt. Die beiden gegenständigen, in die Gefäßwandung eingezapften Henkel sitzen meist oberhalb der größten Weite, die etwa in halber Gefäßhöhe liegt. Die Zweihenkeltöpfe wirken dadurch relativ schlank. Die meisten von ihnen weisen eine geglättete Oberfläche auf, doch kommen auch angeraute Gefäßwandungen vor, so etwa bei Urne 49 und B 8 sowie in viel schwächerer Ausführung auch bei Urne 191.

Etwas aus dem üblichen Rahmen fällt Urne 26. Hier sitzen die beiden Henkel unmittelbar am Halsansatz; der Hals ist stärker konkav eingezogen. Der untere, geraute Gefäßkörper wird von senkrechten Glättstreifen unterbrochen. Die Fußzone ist mit einem unregelmäßig angeordneten Dellenornament geschmückt.

An metallenen Beigaben fanden sich in Urne 49 ein bronzener Nadelschaft und ein großer eiserner Gürtelring. In Urne 87 lag ein eiserner Nadelschaft und in Urne 191 schließlich eine Bombenkopfnadel und 5 Segelohrringe mit aufgesteckten blauen Glasperlen.

2.2.1.2 Zweigliedrige Gefäße

Mit 17 Gefäßen sind die zweigliedrigen Töpfe auf dem Gräberfeld von Ehlbeck vertreten. Dies sind immerhin ~ 25 % aller auswertbaren Urnen, hinzu kommt eine weitere aus Rehlingen.

Kennzeichnend für diese Gefäßgruppe ist, dass die Halszone deutlich vom eigentlichen Gefäßkörper abgesetzt ist. In der Regel erfolgt dies durch eine umlaufende Rille, Riefe oder einfach auch nur durch einen Absatz. Zu den schon bei den eingliedrigen Gefäßen aufgeführten Formen tritt nun eine weitere hinzu, Gefäße mit flaschenförmigem Hals.

Gefäße mit gleichförmig gerundetem Körper

Diese etwa 30,0 cm hohen Gefäße sind sowohl schlank als auch gedrungen, in einigen Fällen sogar annähernd rundbauchig, je nachdem wie ihr Verhältnis von Höhe zur größten Weite ausfällt. Diese befindet sich etwa in der Mitte des Gefäßkörpers oder etwas oberhalb davon. Man kann demzufolge gleichmäßig gewölbte (Urnen 39, 50, 69, 158), sackförmige (Urne 20), rundliche (Urnen 7 u. 11) und eiförmige (Urnen 24, 45, 105 u. 162 sowie Rehlingen B 11) Gefäße unterscheiden. Der glatte Hals ist entweder zylindrisch ausgebildet und besitzt dann keine Randlippe oder er ist konkav eingezogen und zeigt dann einen schwach ausgebildeten Rand.

Es handelt sich bei diesen Gefäßen ausnahmslos um grob gemagerte Ware, die in aller Regel eine stärker oder schwächer geraute Gefäßwandung aufweisen. Diese Rauung wird bei Urne 69 von waagrechten und senkrechten Glättstreifen unterbrochen. Hinzu kommt knapp unterhalb des Halses eine Knubbe. Auf Urne 50 findet sich eine Besenstrich-Rauung, die durch senkrechte Glättstreifen aufgelockert wird. Diese Glättstreifen enden im Bereich der Halszone jeweils in einer großen Delle. Drei parallele Riefen schmücken den ansonsten glatten Hals. Urne 24 ist unterhalb der Halszone mit einem eingetieften, umlaufenden Wellenband verziert, das unter zwei Knubben hindurchführt. Ein hängendes Winkelband findet sich unterhalb der Halszone von Urne 7. Ringwülste unterhalb des Halsansatzes besitzen die Urnen 4 und 11, eine umlaufende Kerbleiste die Urne B 11 aus Rehlingen.

An Beigaben liegen aus Urne 24 eine Stabkropfnadel vor, aus Urne 158 eine Bombenkopfnadel und Segelohrringe mit den dazugehörenden Glasperlen sowie aus Urne B 11 eine eiserne Pinzette.

Zweihenkeltöpfe

Von den in Ehlbeck gefundenen Zweihenkeltöpfen gehören lediglich 2 Exemplare zu den zweigliedrigen Formen. Bei Urne 143 liegt offensichtlich nur eine besondere Variante der Gefäße mit gleichmäßig gerundeter Wandung vor. Die größte Weite fällt mit der Gefäßmitte zusammen. Urne 68 ist ein kleiner gedrungener Zweihenkeltopf mit stark beschädigter Halspartie. Beide Gefäße sind grob gemagert und besitzen eine geglättete Gefäßoberfläche.

Gedrungene Gefäße mit flaschenförmigem Hals

Kennzeichnend für diese Gefäßform, die mit einigen Exemplaren (Urnen 10, 78, 100 und D) auf dem Urnenfriedhof vertreten ist, ist die breit gedrungene Form des Körpers, dem ein flaschenförmiger Hals aufsitzt, der etwas mehr als 1/3 der gesamten Gefäßhöhe (etwa 20,5 cm) beansprucht. Der Rand ist schwach nach außen geschwungen. Die größte Weite der Gefäße liegt in der Mitte des Gefäßkörpers und ist nahezu doppelt so groß wie jener. Die Gefäße sind aus fein gemagerten Ton hergestellt, glatt poliert und klingend hart gebrannt. Die Tonfarbe reicht von gelblichbraun über schwarzbraun bis schwarz. In der Regel weisen diese Gefäße mit flaschenförmigem Hals nur eine kleine Standfläche mit Omphalosboden auf.

Zu dieser Gefäßform zählt auch das in Rehlingen geborgene Gefäß A 1, das als Beigefäß benutzt wurde. Das Gefäß weist einen Henkel auf, der bartförmig ausläuft.

Der Henkel von Urne 10 endet ebenfalls bartförmig mit einer Dreiergruppe aus Dellen dazwischen. An Stelle eines Henkels findet sich bei Urne 78 eine längliche Knubbe. Das Gefäß von Fundstelle B ist unterhalb des Halses mit einer schwachen Rauung versehen, die von einer doppelten Dellenreihe unterbrochen wird.

2.2.1.3 Zweigliedrige Gefäße mit leistenförmig verstärktem Rand

Diese von H.-J. Häßler (1976, 48 ff.) herausgestellte Gruppe ist ebenfalls mit 17 Exemplaren, das heißt mit ~ 25 % aller typologisch ansprechbaren Urnen vom Friedhof Ehlbeck vertreten. Diese Gefäße bilden das Bindeglied zwischen den zwei- und dreigliedrigen Gefäßen der älteren vorrömischen Eisenzeit.

Gefäße mit gleichmäßig gewölbtem Körper

Innerhalb der Fundgruppe der zweigliedrigen Gefäße mit leistenförmig verstärktem Rand stellen die etwa 30,0 cm hohen Exemplare mit gleichmäßig gewölbten Körper (Urnen 6, 16, 22, 28, 34, 55 und 72) zahlenmäßig den größten Anteil. Die größte Weite liegt etwa in der Mitte des Gefäßkörpers, wobei hier das Verhältnis zur Gesamthöhe des Gefäßes ausschlaggebend ist, ob schlanke, gedrungene oder nahezu rundliche Formen vorliegen. Der konische, gelegentlich auch schwach konkav geschwungene Hals endet in einer leistenförmigen Verdickung. Urne 154, deren Form nicht mehr genau bestimmt werden kann, dürfte ebenfalls zu dieser Gefäßgruppe gehören.

Die grob gemagerte, dickwandige Ware weist überwiegend einen gerauten Gefäßkörper auf. Diese Rauung wird bei Urne 55 von senkrechten Glättstreifen unterbrochen; den oberen Abschluß dieses Musters bildet eine Reihe von viereckigen Einstichen. Urne 34 zeigt auf ihrem Gefäßkörper eine grobe Besenstrichzier, die von senkrechten Glättstreifen unterbrochen wird. Am Halsansatz findet sich ein wulstartig angedeuteter Henkel. Einzelne senkrechte und waagrechte Besenstrichstreifen finden sich auf Urne 22. Hier bilden Vierergruppen von Dellen jeweils den oberen Abschluß.

An Beigaben fanden sich in Urne 6 eine eiserne Stabkropfnadel, ein mondsichelförmiges Rasiermesser aus Eisen und aus dem gleichen Material eine Pinzette mit parallelen Wangen. In Urne 34 wurde zwischen dem Leichenbrand das Bruchstück einer eisernen Nadel geborgen.

Zweihenkeltöpfe

Die Zweihenkeltöpfe (Urnen 23 u. 99 sowie Rehlingen A 2) zeigen eine mehr oder weniger zweigliedrige Form und einen leistenförmig verstärkten Rand. Der geglättete Gefäßkörper ist gleichmäßig gewölbt. Die beiden breiten Bandhenkel sitzen unterhalb des Halsansatzes. Die Urne A 2 aus Rehlingen ist im Unterteil geraut, dagegen ist die Halszone glatt.
In Urne 99 fanden sich Schaftbruchstücke einer eisernen Nadel.

Doppelkonische Gefäße

Unter den zweigliedrigen Gefäßen mit leistenförmig verstärktem Rand zählen in Ehlbeck auch zwei gedrungene, doppelkonische Gefäße, nämlich die Urnen 5 und 160. Gemeinsam ist beiden Gefäßen ein lang ausgezogener Hals, der bei Urne 5 konkav geschwungen, bei Urne 160 dagegen mehr zylindrisch ausgebildet ist. Urne 5 weist eine schwach geraute Oberfläche auf und besitzt eine Griffknubbe unterhalb des Halsansatzes. Der Gefäßkörper von Urne 160 ist mit einem Besenstrichornament bedeckt, das von einzelnen senkrechten und einem breiten waagrechten Glättstreifen unterbrochen wird. Unterhalb des durch eine Riefe vom Gefäßkörper abgesetzten Halses befindet sich ein kleiner Henkel mit einer großen Delle darunter. Die größte Weite sitzt bei diesem Gefäß relativ hoch.

Gefäße mit flaschenförmigem Hals

Diese Gefäßgruppe (Urnen 2, 54, 61, 112) zeichnet ein lang ausgezogener, in der Regel zylindrischer oder leicht konkav geschwungener Hals aus, der in einer mehr oder weniger starken leistenförmigen Verdickung endet. Der Hals nimmt mehr als ein Drittel der gesamten Gefäßhöhe ein. Die größte Weite, meist in der Mitte des Gefäßkörpers gelegen, ist größer als die gesamte Gefäßhöhe oder entspricht zumindest dieser. Der Gefäßboden weist nur eine kleine Standfläche auf und ist häufig omphalosartig eingedellt. Der Ton ist fein gemagert und die Gefäße klingend hart gebrannt. Alle Gefäße sind poliert und besitzen eine rötliche, bräunliche oder schwarze Oberfläche. Es spricht einiges dafür, dass auch Urne 81 zu diesen Formen gehört, obschon sich nur Randscherben erhalten haben.

Urne 112, deren Henkel abgeschlagen ist, schmückt ein Ornament aus fensterartig gesetzten Dellengruppen; eine ähnliche Verzierung findet sich auf der benachbarten Urne 61.

Etwas aus dem üblichen Rahmen fällt Urne 54, da der Hals dieses Gefäßes lang ausgezogen ist. In dieser Urne lag eine Stabkropfnadel aus Eisen und drei verschieden große eiserne Klammern, die vielleicht als Umkleidung einer Dolchscheide gedient haben. Die beiden in Urne 2 geborgenen eisernen Nadeln können nicht näher angesprochen werden.

2.2.1.4 Dreigliedrige Gefäße

Die dreigliedrigen Gefäße sind mit 9 Exemplaren (13,2 %) unter den näher ansprechbaren Urnen vom Gräberfeld von Ehlbeck vertreten. Sie unterscheiden sich von der vorgenannten Gruppe durch den deutlich abgesetzten Schrägrand.

Gefäße mit gleichmäßig gewölbten Körper

Mit Hilfe der unterschiedlichen Höhe der Gefäße und dem daraus resultierenden Verhältnis zwischen größter Weite und Gesamthöhe können hohe und gedrungene Formen unterschieden werden.

Die hohen Gefäße (Urnen 1, 35 und 152) sind sämtlich grob gemagert, dickwandig und auf der Gefäßoberfläche geraut. Urne 1 zeigt darüber hinaus noch eine umlaufende Leiste mit Fingertupfeneindrücken am Halsansatz, die nur von einem kleinen schwalbenschwanzförmig endenden Henkel unterbrochen wird. An Beigaben konnten in Urne 35 eine eiserne Stabkropfnadel und in Urne 152 das Bruchstück einer eisernen Nadel geborgen werden.

Bei der gedrungenen Form dieser Töpfe (Urnen 142, 155 und 179) ist die größte Weite etwa doppelt so groß wie ihre Höhe. Der auf dem Gefäßkörper aufsitzende Hals ist konisch eingeschwungen oder zylindrisch ausgebildet. Urne 142 entspricht in ihrer äußeren Form in etwa den zweigliedrigen Gefäßen mit flaschenförmigen Hals. Auf dem gerauten Unterteil zeigt diese Urne ein Besenstrichmuster, das durch breite senkrechte Glättstreifen aufgegliedert wird. Eine entsprechende Zier findet sich auch auf Urne 155; hier enden die senkrechten Glättstreifen allerdings in Dellen. Das dritte Gefäß dieser Gruppe, Urne 179, besitzt ebenfalls eine geraute Oberfläche. Oberhalb der größten Weite sitzt ein Henkel, dessen untere Enden schwalbenschwanzförmig auslaufen; zwischen den Enden findet sich eine Dellengruppe. Außer einigen eisernen Nadelbruchstücken fanden sich keine weiteren Beigaben.

Zu welcher der beiden Formen Urne 114 gehört, kann nicht mehr entschieden werden, da die geborgenen Scherben keine Rekonstruktion des Gefäßes möglich machen.

Auffällig ist die Verteilung der beiden Formen mit gleichmäßig gewölbtem Körper auf dem Gräberfeld. Die hohen Gefäße wurden ausschließlich im Südteil der Gräberfeldes angetroffen, die gedrungenen Töpfe dagegen dicht beieinander im Nordteil.

Zweihenkeltöpfe

In Ehlbeck konnte nur ein dreigliedriger Zweihenkeltopf mit gleichmäßig gewölbtem Körper geborgen werden. Das Gefäß ist grob gemagert und dickwandig mit glatt gestrichener Außenfläche. In dem Gefäß fand sich als Beigabe lediglich eine gekröpfte eiserne Spatenkopfnadel. Die Urne 175 wurde im Nordteil des Gräberfeldes beobachtet.

Als Sonderform dieser Gruppe der Zweihenkeltöpfe muß Urne 71 angesehen werden. Das kleine, bräunlich-schwarze, polierte Gefäß aus feingemagertem Ton ist klingend hart gebrannt. Der Boden des Gefäßes ist omphalosartig eingedellt. Zwischen den beiden Henkel führt eine breite Riefe hindurch.

2.2.1.5 Sonderformen von Urnen

Unter dieser neutralen Bezeichnung werden einige Urnen zusammengefaßt, die bei den anderen Gruppen noch keine Berücksichtigung gefunden haben.

Zweihenklige Töpfe mit scharf abgesetztem Schrägrand

Einige Urnen vom Urnenfriedhof Ehlbeck gehören zu den zweihenkligen Töpfen mit scharf abgesetztem Schrägrand (Urnen 65, 96 und 202). Die Wandung dieser Gefäße ist gleichmäßig gewölbt; die beiden großen Henkel sind oberhalb der größten Weite angebracht. Durch das Verhältnis der Gesamthöhe des Gefäßes zur größten Weite lassen sich hohe und gedrungene Formen voneinander unterscheiden. Urne 96 besitzt einen abgesetzten Standfuß. Neben Gefäßen mit glatter Oberfläche kommen auch solche mit schwacher Rauung vor.

Urne 134, deren Rand nicht erhalten ist, könnte auch zu dieser kleinen Gruppe von Gefäßen gehören. Auf dem Leichenbrand wurde eine Bombenkopfnadel mit kleinem Kopf angetroffen. Urne 134 wurde im Norden des Gräberfeldes gefunden, die übrigen drei dagegen im mittleren Bereich.

Tassen

Die Gruppe der Tassen (Urnen 92 und 103) ist dadurch gekennzeichnet, dass sie sämtlich einen kräftigen Henkel aufweisen, der unterhalb des Halsansatzes ansetzt und etwas oberhalb der Halsmitte endet. Der breite zylindrische oder konkav geschwungene Hals nimmt weniger als ein Drittel der gesamten Gefäßhöhe ein, dagegen übersteigt die größte Weite die Gesamthöhe beträchtlich. Die Tassen der Bestattungen 92 und 103 unterscheiden sich voneinander nicht nur in der Art der Halsausbildung, sondern auch in der äußeren Form des Gefäßkörpers, da bei der Tasse der Bestattung 92 die größte Weite nahezu mit dem Ansatz des Halses zusammenfällt. Tasse 103 ist glänzend schwarz poliert. Beide Tassen stammen aus je einer Urnenansammlung im Zentrum des Gräberfeldes.

Krüge

Vom Urnenfriedhof stammt nur ein Krug, der als Urne (Nr. 108) Verwendung fand. Das Gefäß besitzt einen großen Henkel, der auf der Schulter ansetzt und etwa in der Mitte des Halses endet. Das rötlichbraune Gefäß aus fein gemagerten Ton ist glänzend poliert.

Schalen

In Ehlbeck wurden drei Schalen als Urnen benutzt (Urnen 64, 117 und 121). Das Gefäß aus Bestattung 121 setzt sich aus einem kalottenförmigem Unterteil und einem daraufsitzenden konkav einziehendem Halsteil zusammen. Die größte Weite, durch eine Riefe betont, fällt mit dem Halsansatz zusammen. Zur Gruppe der zweigliedrigen Gefäße mit leistenförmig verstärktem Rand möchte man formal auch die beiden Schalen (Urnen 64 u. 117) zählen. Ihr Hals schwingt konisch aus, doch unterscheiden sie sich dadurch voneinander, dass bei Urne 64, die auch einen Henkel aufweist, die größte Weite nicht wie bei Urne 117 mit dem Halsansatz zusammenfällt. Im Boden von Urne 117 finden sich zwei konzentrische Rippen, bei Urne 64 dagegen ein Omphalosboden. Beide Gefäße sind aus fein gemagerten Ton hergestellt und glänzend poliert. Die Bronzebruchstücke, die in Urne 64 beobachtet wurden, sind nicht aussagekräftig.

Alle drei Urnen stammen aus dem zentralen Bereich des Urnenfriedhofes.

2.2.1.6 Deckschalen

In Ehlbeck und Rehlingen war eine größere Anzahl von Urnen mit Schalen abgedeckt. Wie viele es allerdings ursprünglich tatsächlich gewesen sind, kann heute kaum mehr bestimmt werden, da der Friedhof in Ehlbeck mehrfach überpflügt wurde und dabei natürlich die die Urnen abdeckenden Schalen besonders in Mitleidenschaft gezogen wurden. Einen Anhaltspunkt dafür, dass mit weit mehr Deckschalen gerechnet werden muß, bieten die Beobachtungen im Westteil des Gräberfeldes, wo die zerscherbten Urnen sehr flach unter der Ackerkrume angetroffen wurden. Kaum eine der hier geborgenen Urnenscherben konnte allerdings einer Deckschale zugeordnet werden (Taf. 30 A).

In Ehlbeck ließen sich in 58 Fällen Deckschalen nachweisen, sei es, dass sie ehedem eine Urne oder ein Leichenbrandhäufchen abdeckten, hinzu kommen noch 7 Exemplare aus Rehlingen. Etwas mehr als die Hälfte (35 Exemplare) dieser Schalen konnte noch nach Form und Typ bestimmt werden. Hinzu kommen Scherben von neun weiteren Schalen, von denen zumindest bekannt ist, dass ihr Rand eingewölbt ist (Schalen 55, 67, 91, 95, 120, 125 u. 141 sowie die beiden Deckschalen A 1 aus Rehlingen); einen breiten, nicht mehr näher bestimmbaren Rand hatte eine weitere Deckschale (Schale 158) besessen.

Schalen mit konisch aufsteigender Wandung und nach innen gebogenem Rand

Viele der in Ehlbeck und Rehlingen geborgenen Schalen gehören zu diesem Typ. Kennzeichnend ist die konisch aufsteigende untere Hälfte der Gefäße, deren größte Weite knapp unterhalb des nach innen gebogenen Randes liegt. Die unterschiedliche Höhe der Gefäße, ihr Mündungsdurchmesser und das Verhältnis von Höhe zur größten Weite bestimmen die voneinander abweichende äußere Form der Gefäße. Einige Exemplare weisen darüber hinaus noch einen ausgeprägten Standfuß auf, z. B. die Schalen 94 und 155. Alle Deckschalen sind aus grob gemagerten Ton gefertigt worden, weisen aber eine geglättete Oberfläche auf.

Anzutreffen sind diese Schalen im Zentrum und im Nordteil des Gräberfeldes, fehlen allerdings in den beiden umfangreichen Urnenansammlungen im Südteil des Urnenfriedhofes. Diese Form der Deckschalen kommt mit zwei- und dreigliedrigen Töpfen vor, hinzu treten noch eingliedrige Zweihenkeltöpfe und Zweihenkeltöpfe mit schrägem Steilrand.

Schalen mit konisch aufsteigender Wandung

Unter den aus Scherben rekonstruierten Deckschalen aus Ehlbeck sind jene mit konisch aufsteigender Wandung insgesamt nur zweimal vertreten, nämlich bei den benachbarten Urnen 148 und 149. Die größte Weite fällt bei dieser Form mit dem Mündungsrand zusammen. Die Deckschale von Urne 149 weist einen omphalosartig eingewölbten Boden auf, jene von Urne 148 besitzt eine Henkelknubbe. Hinzu kommt noch die Deckschale des Zweihenkeltopfes aus Rehlingen A 2.

Schalen mit gleichmäßig gewölbter Wandung

Diesen verschieden hohen Schalen ist eine gleichmäßig gewölbte Wandung gemeinsam. Sie stellen auf dem Gräberfeld die größte Gruppe (Schalen 5, 42, 45, 54, 61, 72, 78, 117, 123, 142 u. 176 sowie Rehlingen A 1). Neben Formen, bei denen die größte Weite mit dem Mündungsrand zusammenfällt, gibt es auch andere, die einen schwach eingezogenen Rand aufweisen (Schalen 42, 45, 48, 72 u. 117). Hinzu kommt eine weitere mit stärker eingezogenem Rand (Schale 5). Nur bei der Deckschale von Urne 72 ist die Außenfläche schwach geraut, bei allen übrigen ist diese geglättet. Einen Henkel bzw. eine Henkelknubbe finden sich nur bei wenigen Schalen (Nr. 92, 117, 142 u. 176). Eine omphalosartig eingezogene Standfläche besitzt lediglich die Deckschale von Urne 142.

Diese Schalenform wird selten zusammen mit ein- und einfachen zweigliedrigen Gefäßen gefunden, häufiger jedoch mit zweigliedrigen Urnen mit leistenförmig verstärktem Rand und einmal auch mit einem dreigliedrigen Gefäß. Diese Form der Deckschalen ist im gesamten Friedhofsbereich anzutreffen.

Schüsseln mit ausladendem Kragenrand

Vier Deckschalen (Schalen 24, 30, 34 u. 175) fallen nicht nur wegen ihrer Form, sondern auch wegen ihres harten Brandes aus dem üblichen Rahmen. Die Deckschale von Urne 24 besitzt eine glatte Oberfläche und ist zudem unverziert, jene von Urne 30 ist dagegen mit waagerecht verlaufenden Riefengruppen, die von Dellen unterbrochen werden, geschmückt. Beide Deckschalen sind auf der Standfläche omphalosartig eingewölbt. Von den beiden übrigen Deckschalen haben sich nur Randscherben erhalten, die lediglich eine Zuweisung zu dieser Form möglich machen.

Diese Deckschalen kommen zusammen mit zweigliedrigen Gefäßen mit leistenförmig verstärktem Rand und einmal mit einem dreigliedrigen Gefäß zusammen vor. Sie finden sich in den beiden Urnenansammlungen im Süden des Gräberfeldes und einmal auch am anderen Ende, im Nordteil.

Terrinen

Die Deckschale von Urne 16 ist eine Terrine mit niedrigem Hals, der konisch ansteigt. Die größte Weite des Gefäßes liegt im oberen Viertel der Schale. Knubben und Bogengriffe sind vorhanden. Das hart gebrannte Gefäß ist schwarz poliert. Bei der zugehörenden Urne handelt es sich um ein zweigliedriges Gefäß mit leistenförmig verstärktem Rand.

Hohe Schale

Von Friedhofsbereich auf der Rehlinger Feldmark liegt ein hohes schalenförmiges Gefäß mit gerundetem Unterteil und ausladender oberer Hälfte vor. In der Mitte des Gefäßes verläuft die Trennlinie zwischen oberer und unterer Gefäßhälfte.

2.2.1.7 Beigefäße

Vom Urnenfriedhof Ehlbeck stammen Hinweise auf 20 Beigefäße (Taf. 32 B), hinzu kommt ein weiteres aus Rehlingen. 11 dieser Gefäße sind noch soweit erhalten, dass sie bestimmten Formen zugeordnet werden können. Die Formenvielfalt ist groß, doch handelt es sich meist um eingliedrige und zweigliedrige Gefäße. Sie wurden in lockerer Streuung im gesamten Friedhofsareal angetroffen, ohne irgendwo einen nennenswerten Schwerpunkt zu bilden. Die kleinen Gefäße lagen auf dem Leichenbrand im oberen Bereich der Urnen, daher dürfte das Verbreitungsbild im nordwestlichen, stark überpflügten Friedhofsteil nicht mehr der ursprünglichen Verteilung entsprechen. Dass auch Leichenbrandhäufchen, die ursprünglich wohl in einer Umhüllung aus organischem Material niedergelegt worden sind, ebenfalls mit Beigefäßen ausgestattet wurden, belegt Bestattung 127.

Die Beigefäße wurden selten (Urne 191) in eingliedrigen Gefäßen angetroffen, dafür jedoch häufiger in zweigliedrigen Gefäßen mit und ohne leistenförmig verstärkten Rand.

Tassen

Die drei aufgefundenen Tassen weichen in ihrer äußeren Form stark voneinander ab. Das eingliedrige Beigefäß aus Urne 95, dessen größte Weite etwas oberhalb der Gefäßmitte liegt, weist eine gleichmäßig gewölbte Wandung auf. Die beiden anderen Tassen sind zweigliedrig. Bei jener aus Urne 72 ist der Hals, der knapp oberhalb der größten Weite ansetzt, konkav geschwungen. Die Tasse aus Urne 46 fällt durch ihren kräftig abgesetzten Rand ins Auge.

Becher

Häufiger als Tassen sind Becher oder becherähnliche Beigefäße (Nr. 55, 57, 70, 105 u. 125) auf dem Urnenfriedhof anzutreffen. Zwei von ihnen (Nr. 57 u. 105) sind einander außerordentlich ähnlich. Der Hals dieser beiden bauchigen Gefäße ist leicht konkav geschwungen und der Rand leistenförmig verstärkt. Beigefäß 57 weist eine kleine Standfläche mit Omphalosboden auf. Es ist glatt und unverziert, dagegen trägt jenes aus Urne 105 eine kleine Griffknubbe mit einer sie umgebenden Dellenzier. Zu einem ähnlichen Gefäß könnten die Scherben von Beigefäß 70 gehört haben.

Das Beigefäß aus Urne 55 ist ein konischer Becher, der einen ausgeprägten Standfuß besitzt. Als Becher mit stark eingezogenem Fuß könnte man das Beigefäß aus Urne 125 bezeichnen.

Schalen

Die beiden kleinen als Beigefäße geborgenen Schalen (Nr. 186 u. 191) entsprechen in ihrer Form durchaus den größeren Deckschalen, die zuvor behandelt wurden. So muß man das Beigefäß aus Urne 186 als Schale mit konisch aufsteigender Wandung und nach innen gebogenem Rand bezeichnen und jenes aus Urne 191 als Schale mit gleichmäßig gewölbter Wandung.

Sonderformen

Als Terrine mit schwach ausladendem Hals möchte man das Beigefäß aus Urne 34 ansprechen. Einzelne Gruppen von Dellen heben die größte Weite deutlich hervor.

Als zweigliedriges Gefäß mit flaschenförmigem Hals und leistenförmig verstärktem Rand könnte man das Beigefäß der Bestattung 112 bezeichnen. Am Halsansatz finden sich zwei Henkelknubben. Gruppen von senkrechten Riefen gliedern die Schulter. Von Interesse ist, dass Urne 112 ein ähnliches Gefäß ist.

2.2.2 Die Verzierungen auf der Keramik

Die einzelnen Verzierungselemente und Muster, die auf den auf dem Urnenfriedhof Ehlbeck geborgenen Urnen, Deckschalen und Beigefäßen nachgewiesen werden können, finden sich auch auf anderen ältereisenzeitlichen Urnenfriedhöfen der näheren und ferneren Nachbarschaft wieder. Die Mehrzahl der hohen Gefäße mit gleichmäßig gewölbter Wandung ist durch eine geraute Oberfläche gekennzeichnet, wobei in jedem Fall die Halszone, gelegentlich auch die Fußzone geglättet ist. Eine geglättete Oberfläche findet sich dagegen bei fast allen zweihenkligen Töpfen und sämtlichen Deckschalen. Glänzend polierte Gefäßoberflächen weisen dagegen alle Gefäße mit flaschenförmigem Hals (Taf. 33 A), die Tassen und einige andere seltener vorkommende Gefäße auf; vielfach sind sie zudem fein gemagert und klingend hart gebrannt.

Außer den breiten Bandhenkeln der Zweihenkeltöpfe, Tassen und Deckschalen, die vereinzelt auch bei anderen Gefäßformen auftreten können, konnte noch eine andere, zierlichere Form festgestellt werden, die einen schwalbenschwanzförmigen unteren Abschluß aufweisen. Es handelt sich dabei im einzelnen um einen Krug (Urne 108) und zwei gedrungene Gefäße mit flaschenförmigen Hals (Urne 10 und Rehlingen A 1), zwei dreigliedrige Gefäße (Urnen 1 und 179) sowie um das Beigefäß aus Urne 105. Ein kleiner X-förmiger Henkel schmückt die Urne 160. Griffknubben treten vereinzelt bei Urnen (Nr. 5, 34 u. 69) und bei Deckschalen (Nr. 16) auf. Griffe, die man als Handhaben bezeichnen könnte, finden sich bei Urne 78 und einander gegenüber stehend bei Urne 24.

Relativ häufig wurden auf dem Urnenfriedhof Ehlbeck Gefäße angetroffen, deren geraute Oberfläche durch senkrechte (Urnen 26, 34, 50, 55 u. 142) oder durch senkrechte und waagrechte Glättstreifen (Urnen 15, 69, 149, 155 u. 160) aufgelockert wird. Einige dieser Gefäße zeigen an, dass an Stelle der üblicherweise vorkommenden Rauung eine Art Kammstrichornamentik, so die Urnen 50, 155 u. 160, treten kann. Aus dem Rahmen fällt Urne 22, ein Gefäß mit gleichmäßig gewölbten Körper und leistenförmig verstärktem Rand. Die glatte Oberfläche der Wandung ist mit senkrechten Besenstrichstreifen geschmückt, die in unregelmäßigen Abständen von kurzen Querstreifen unterbrochen werden. Den oberen Abschluß dieses Musters bilden Gruppen von Dellen. Eine grobe Ritzverzierung weisen die Urnen 34, 161 u. 183 auf. Allerdings kann nur bei Urne 34 der Gefäßtyp noch bestimmt werden, als Urne mit leistenförmig verstärktem Rand. Dies verwundert nicht, da die Mehrzahl der etwas auffälliger verzierten Gefäße diesen Gefäßformen zugerechnet werden müssen.

Gelegentlich konnte auch eine Dellenzier festgestellt werden. Deren Aussehen ist vielfältig, so bilden große Dellen oder Gruppen von kleinen Dellen den oberen (Urnen 22, 50 u. 155) bzw. den unteren Abschluß (Urne 26) von Glättstreifenmustern. In ähnlicher Weise erscheinen sie als Füllmuster der schwalbenschwanz- (Urnen 10 u. 179) oder X-förmig ausgebildeten Henkel (Urne 160), ferner als Zierelement um eine Henkelknubbe (Beigefäß aus Urne 105). Bei der Deckschale von Urne 30 werden Dellen dafür als Motiv verwendet, um das Linien- und Girlandenmuster aufzulockern. Als flächenfüllende Verzierung treten gruppenweise angeordnete kleine Dellen, etwa in Fensterform, auf Gefäßen mit flaschenförmigem Hals (Urnen 61 u. 112) in Erscheinung. Bei Urne D werden einzelne Dellengruppen von gerauten Flächen abgelöst.

Eine umlaufende Leiste mit Eindrücken eines vierkantigen Gerätes findet sich in Höhe des Halsansatzes der dreigliedrigen Urne 1. Eine ähnliche Einstichzier konnte bei Urne 55 festgestellt werden. Hals und Bauchzone werden auch bei Urne B 11 aus Rehlingen von einer Leiste mit Fingereindrücken getrennt. Winkeleindrücke auf der Schulter weisen die beiden Urnen 7 und 24 auf, senkrechte Strichgruppen das Beigefäß aus Urne 112. Ringwülste kommen ebenfalls zweimal vor (Urnen 11 u. 41). Konzentrische Rippen auf dem Gefäßboden fanden sich nur bei Urne 117.

Einige weitere auf der Grabungsfläche aufgesammelte Scherben dürften noch der frühen Eisenzeit (Wessenstedt-Stufe) zugeordnet werden. Es handelt sich um die Scherbe einer kleinen Tasse mit „Nienburger" Verzierung und um zwei Scherben eines hohen weitmundigen Topfes mit Wellenrand. Möglicherweise stammen diese Scherben von einer etwa 500 m weiter westlich gelegenen Siedlungsstelle (Taf. 1) der frühen Eisenzeit (Lüneburg, Mus. EB. 4; ehem. Slg. Borkowski).

2.2.3 Die Grabbeigaben aus Metall und Glas

In 57 der 208 in Ehlbeck ausgegrabenen Bestattungen fanden sich metallene Grabbeigaben oder zumindest Hinweise darauf; das sind immerhin 27,4 % aller Gräber. Hinzu kommen bei 15 Bestattungen aus Rehlingen noch 5 weitere hinzu. Mehr als eine Grabbeigabe (31 Bestattungen =~ 14,8 %), wobei hier die Anzahl der jeweils zu einer Bestattung gehörenden Segelohringe und Klammern nur einmal gerechnet werden, fanden sich in 26 Bestattungen und in einer aus Rehlingen. Davon entfallen zwei Beigaben auf 22 Beisetzungen (~ 10,6 %) und drei Beigaben auf 4 Verstorbene (1,9 %).

Diese Überlegungen und Berechnungen können nur rein hypothetischer Natur sein, denn in die Gräber konnte nur das gelangen, was vom Scheiterhaufen abgesammelt oder was nachträglich auf den Leichenbrand in der Urne niedergelegt worden ist. Das Absammeln von Schmuck und Toilettegerät vom Scheiterhaufen erfolgte wenig sorgfältig, was sich u. a. in den vielen bruchstückhaft erhaltenen Nadeln ohne Kopf zeigt, wo trotz sorgfältiger Bergung bei der Ausgrabung und der anschließenden Untersuchung des Leichenbrandes keine weiteren Teile gefunden werden konnten. So kann die Anzahl der Grabbeigaben bei der Aufbahrung wesentlich höher gewesen sein als es der heutige Befund widerspiegelt. Eine ebenso große Rolle spielt dabei das ständige Überpflügen des Urnenfriedhofes, denn bei den Urnen, von denen nur Bodenscherben erhalten blieben, sind die im oberen Teil der Gefäße niedergelegten Beigaben vernichtet worden. Ferner muß mit einem rituellen Zerbrechen der Beigaben gerechnet werden, denn dem Augenschein nach waren nicht alle in Bruchstücken erhaltenen Nadeln, Schmuckstücke und Toilettegerät dem Feuer des Scheiterhaufens ausgesetzt worden. Hinweise auf ein derartiges Brauchtum geben die Bruchstücke von Wendelringen und anderem Halsschmuck, die immer wieder – auch in Ehlbeck – ohne einen Fundzusammenhang mit einer Bestattung lose im Sande liegend auf den ältereisenzeitlichen Urnenfriedhöfen gefunden wird.

Die Einwirkung von Kunstdünger, die wenig sorgfältige Bergung vom Scheiterhaufen und das mögliche rituelle Zerbrechen der Beigaben haben die Gegenstände aus Eisen und Bronze häufig so stark in Mitleidenschaft gezogen, dass eine genaue Typenansprache nicht mehr in allen Fällen möglich oder doch zumindest stark erschwert ist.

2.2.3.1 Die Nadeln (Taf. 33 B)

Bei fast jedem zweiten Fundstück vom Urnenfriedhof Ehlbeck/Rehlingen handelt es sich um eine Nadel oder das Bruchstück einer solchen. Etwa die Hälfte dieser Fundstücke kann noch näher angesprochen werden. Die Nadeln lassen eine Vielzahl von Formen erkennen, die in ihrer Funktion einander durchaus nicht immer entsprochen haben müssen. Einen Beleg dafür könnte der Befund in Urne 2 liefern, in welcher die Schäfte zweier Nadeln angetroffen wurden. Eine von ihnen besitzt einen langgestreckten Schaft, die andere ist kürzer. Da jedoch in beiden Fällen das Kopfende fehlt, kann eine Bestimmung nach Typen nicht mehr vorgenommen werden.

2.2.3.1.1 Gekröpfte Nadeln

Den größten Teil der aufgefundenen Nadeln stellen jene, die im oberen Drittel eine kropfartige Ausbiegung des Nadelschaftes aufweisen. Diese Kröpfung kann unterschiedlich stark ausgeformt sein. Die Nadeln unterscheiden sich in der Art ihres Kopfabschlusses deutlich voneinander, neben eingerollten und stabförmigen Enden kommen spatenförmige und ringförmige Kopfabschlüsse vor und einmal auch eine solche mit bronzenem Kugelkopf.

Stabkropfnadeln

Zahlreiche Nadeln aus Ehlbeck müssen zu dieser Gruppe mit langausgezogenem Kopfende gezählt werden (Nr. 6, 24, 35, 40, 47, 54 u. 82). Soweit die starke Oxydation überhaupt eine Aussage zulässt, ist das Kopfende ebenso rundlich ausgebildet wie der Nadelschaft. Eine leichte Abplattung läßt sich allenfalls bei dem Exemplar aus Urne 54 feststellen. Einen besonders gestalteten Endknopf hat keine dieser Nadeln jemals besessen. Eine Verzierung in Form von Schrägkerben weist allein das Fundstück aus Urne 47 auf.

Die übrigen Beigaben aus Urne 6, ein Rasiermesser und eine Pinzette, ferner die Pinzette aus Urne 40 und die drei eisernen Klammern, die wohl als Teil einer Messerscheide angesehen werden müssen, deuten darauf hin, dass zumindest einige dieser Nadeln ursprünglich zur Männertracht gehört haben.

Gekröpfte Spatenkopfnadeln

Bei einer dieser Nadeln, jener aus Urne 46, ist die Kopfscheibe so gut erhalten, dass eine nähere Beschreibung lohnend erscheint. Das spatenförmig ausgebildete Kopfende setzt unmittelbar oberhalb der Kröpfung an, was auch für die übrigen aus Ehlbeck bekannt gewordenen Nadeln dieser Form (Nr. 4, 148 u. 175) gilt. Der spatenförmige Kopf ist in der Mitte eingeschnürt. Den unteren Kopfteil schmückt eine einzelne Riefe, den oberen dagegen drei weitere, die parallel zum eingekerbten Endabschluß angeordnet sind. Von den übrigen Nadeln ist weit weniger erhalten; immerhin läßt auch die Nadel aus Urne 175 noch deutlich den spatenförmigen Ansatz erkennen. Von den beiden übrigen ist nur noch die Scheibe vorhanden, die für diese Form des Kopfabschlusses in Anspruch genommen werden kann.

Gekröpfte Ringkopfnadel

Aus Ehlbeck liegt ein Exemplar vor, das man bedingt zu dieser Gruppe stellen kann. Es handelt sich abweichend von allen übrigen um eine bronzene Nadel, deren Kopf einen Durchmesser von 0,8 cm aufweist. Übereinstimmend mit den eisernen Fundstücken von der benachbarten Nekropole von Soderstorf, Ldkr. Lüneburg, ist auch bei der Ehlbecker Nadel der Kopf um 90° zur nur schwach ausgebildeten Kröpfung gedreht (Hässler 1976, 24 f.).

Gekröpfte Rollenkopfnadeln

Nur zwei gekröpfte Rollenkopfnadeln aus Eisen konnten geborgen werden. Das obere Ende dieser Nadeln ist flach ausgehämmert und knapp oberhalb der Kröpfung nach innen eingedreht. Die beiden Fundstücke unterscheiden sich allerdings in der Größe des Kopfes, dabei ist jener aus Urne 178 im Gegensatz zu demjenigen aus Urne 189 besonders klein geraten ist.

Die Nadel aus Urne 178 ist mit einem Segelohrring zusammen gefunden worden, man wird sie daher als Grabbeigabe einer Frau ansprechen müssen.

Gekröpfte Nadel mit Kugelkopf

Die gekröpfte Nadel aus Rehlingen B 3 weist einen Schaft aus Eisen auf, der in einem bronzenem Kugelkopf endet.

Nicht näher bestimmbare gekröpfte Nadeln

An nicht näher bestimmbaren Bruchstücken von gekröpften Nadeln liegen aus beiden Friedhofsbereichen verschiedene Exemplare vor, davon sind vier aus Eisen und eines aus Bronze hergestellt worden. Das zuletzt genannte, aus Urne 60 stammende Fundstück könnte zu einer gekröpften Rollenkopfnadel gehört haben, zumal dieser Nadeltyp in der älteren vorrömischen Eisenzeit häufiger auch in Bronze gefertigt wurde.

2.2.3.1.2 Nadeln mit gestrecktem Schaft

Die Zahl der Nadeln mit gestrecktem Schaft ist, läßt man die Menge der Nadelbruchstücke außer Betracht, nicht sehr groß. Nach den erhaltenen Köpfen zu schließen, sind in Ehlbeck nur zwei Formen, nämlich Bombenkopfnadeln und Ringkopfnadeln, vertreten.

Ringkopfnadeln

Die beiden Fundstücke aus den Urnen 62 und 120 zeichnen sich durch einen außerordentlich dünnen Schaft aus, der am oberen Ende zu einem Ring ausgestaltet ist. Da an die Nadel aus Urne 62 das Bruchstück eines Rasiermessers angerostet ist, wird man hier von einer Männerbestattung sprechen dürfen.

Bombenkopfnadeln

In den Urnenbestattungen aus Ehlbeck wurden drei Bombenkopfnadeln geborgen. Nahezu vollständig erhalten ist davon nur die Nadel aus Urne 134, die auch Einblicke in die Konstruktion dieser Nadelform erlaubt. Auf einen langen leicht gebogenen eisernen Schaft ist ein kleiner bronzener Kopf von 2,0 cm Durchmesser geschoben. Dieser besteht aus zwei halbkugeligen Bronzeschalen, die über einem Tonkern, der jetzt noch in Inneren des Kopfes steckt, getrieben wurden. Oben und unten wurden die beiden halbkugeligen Schalen durch je ein abgerundet viereckiges Eisenplättchen gehalten.

Der Bombenkopf der Nadel aus Urne 158 hat im Feuer des Scheiterhaufens gelegen und ist daher weitgehend deformiert. Er war – nach erhaltenen Resten zu schließen – sehr groß. Längsriefen schmückten die halbkugeligen Schalen dort, wo sie ineinander stecken. Von dieser Nadel haben sich Teile der Innenkonstruktion erhalten, die auf ein Achsenkreuz hindeuten. Die Kugel, die einen Durchmesser von mindestens 6,0 cm aufweist, wurde oben und unten sowie an den Enden des Achsenkreuzes von viereckigen eisernen Plättchen gehalten.

Von beträchtlicher Größe waren auch die beiden getriebenen Halbkugeln der Nadel aus Urne 191. Ihre offenen Enden waren gefalzt, was auf eine abweichende Konstruktion dieser Nadelform hindeuten könnte. Weitere Angaben sind leider nicht möglich, da die eiserne Nadel nur in Teilen vorhanden ist und die Kugel selbst durch die Hitze des Scheiterhaufens völlig verbogen ist.

Die zusammen mit den Bombennadeln der Urnen 158 und 191 geborgenen Segelohrringe zeigen, dass hier Frauenbestattungen vorliegen müssen.

Unbestimmbare Nadelformen mit längerem gestrecktem Schaft

Bei den Nadeln aus den Urnen 2 und 152 fehlt der obere Abschluß, so dass eine nähere Bestimmung der Form nicht zweifelsfrei vorgenommen werden kann. Möglicherweise handelt es sich ebenfalls um Bombennadeln.

2.2.3.1.3 Nadelfragmente

Aus 17 weiteren Bestattungen liegen nur Nadelschäfte bzw. Nadelspitzen aus Eisen vor, die sowohl zu gekröpften Nadeln oder solchen mit gestrecktem Schaft gehört haben können. Ein weiterer Nadelschaft (Urne 49) ist aus Bronze. Um den Schaft der eisernen Nadel aus Urne 37 scheint ein dünner Draht gewickelt worden zu sein. Bei der Nadel aus Urne 129 fanden sich an einem Ende Bronzereste; möglicherweise liegt hier eine weitere Bombennadel vor, wofür auch die in der gleichen Urne geborgenen bronzenen Segelohrringe, eine typische Beigabe aus Frauengräbern, sprechen könnte.

2.2.3.2 Gürtelhaken und Gürtelringe

Aus Urne 104 wurde ein eiserner Gürtelhaken geborgen, der zur Gruppe der Zungengürtelhaken mit trapezförmigem Körper und breitem Zungenende gehört. Das Fundstück ist 6,2 cm lang. Zu dem Gürtelhaken gehören zwei etwa gleich große Gürtelringe (Dm. 2,6 – 2,8 cm) aus rundstabigem Eisen. Die Zusammenstellung von Zungengürtelhaken der einfachen Form mit einem oder gar zwei Gürtelringen ist im südelbischen Bereich selten anzutreffen, so ist sie z. B. auf den benachbarten Gräberfeldern von Soderstorf, Ldkr. Lüneburg, und Putensen, Gem. Salzhausen, Ldkr. Harburg, unbekannt.

Ein großer Gürtelring (Dm. 5,5 cm) aus Eisen liegt aus Urne 49 vor. Sein Stabquerschnitt ist abgerundet rautenförmig.

Das kleine bronzene Schälchen (Dm. 1,6 cm) aus Urne 37 in Ehlbeck ist an seinem Scheitelpunkt durchbohrt. Ein dünnes Bronzeband mit schwalbenschwanzförmig verbreitertem Ende ist hier durchgesteckt worden, sicherlich ein Teil der ehemaligen Befestigung. Das bronzene Schälchen wird als Aufsatz eines Zungengürtelhakens gedeutet werden müssen, wie er z. B. auch aus dem Rehlinger Friedhofsteil aus Urne B 4 vorliegt. Auch hier findet sich ein bronzenes Schälchen (Dm. 2,4 cm) als Aufsatz auf dem Laschenende. Im übrigen sind nur wenige derartige Gürtelhaken aus dem Einzugsbereich der nordosthannoverschen Jastorf-Kultur bekannt geworden, so z. B. aus Jastorf, Stadt Bad Bevensen, Ldkr. Uelzen (Schwantes 1911, 139 Nr. c, Taf. 18,8).

Aus Urne 130 stammt ein kleiner umgebogener Bronzehaken, der ebenfalls als Gürtelhaken verwendet wurde.

Als weitere Beigaben fanden sich in den Urnen 37, 104 und 130 aus Ehlbeck und in Urne B 4 aus Rehlingen die Bruchstücke von einfachen Segelohrringen, die zeigen, das Bestandteile des Gürtelzubehörs ausschließlich aus Frauenbestattungen bekannt geworden sind. Aus Urne 37 stammt zudem das Bruchstück einer eisernen Nadel.

2.2.3.3 Rasiermesser

Rasiermesser wurden aus drei Urnen der Nekropole von Ehlbeck geborgen. Das Rasiermesser aus Urne 62 ist so stark zerbrochen, dass zu seinem Aussehen keine Angaben mehr gemacht werden können. Die Bruchstücke des Rasiermessers aus Urne 6 lassen sich zu einem mondsichelförmig zugeschnittenen Exemplar ergänzen. Das Fundstück aus Urne 30 unterscheidet sich von den üblichen Formen durch die starke Verbreiterung der Mitte, so dass es vom typologischen Standpunkt her zwischen den trapezförmigen Rasiermessern einerseits und den mondsichelförmigen andererseits gestellt werden muß.

Die Rasiermesser bilden häufig zusammen mit einer Pinzette eine Beigabenkombination, so auch in den Urnen 6 und 30 aus Ehlbeck.

2.2.3.4 Pinzetten

Pinzetten oder Bruchstücke von ihnen fanden sich in sechs Bestattungen (Urnen 6, 30, 40, 58, 190 aus Ehlbeck und Urne B 11 aus Rehlingen). Sie sind sämtlich aus Eisen gefertigt. Von der äußeren Form her lassen sich zwei Varianten unterscheiden, Pinzetten, deren Wangen sich erst allmählich verbreitern (Urnen 30, 58 u. 190) und solche, bei denen die Wangen bis fast zum äußersten Ende parallel zueinander verlaufen (Urne 6). Die messbare Länge schwankt zwischen 7,5 und 8,8 cm. Bei keinem der Fundstücke aus Ehlbeck/Rehlingen konnte die sonst häufiger vorkommende verschiebbare Manschette beobachtet werden.

Vergesellschaftet sind Pinzetten außer mit Nadeln meist nur mit Rasiermessern, was sie als Bestandteil der Männertracht auszeichnet.

2.2.3.5 Zwingen

Aus Urne 54 liegen, z. T. nur in bruchstückhafter Erhaltung, drei verschieden große eiserne Klammern vor, die als Umkleidung einer Dolchscheide gedeutet werden können. Die lichte Weite der größten von ihnen beträgt 3,1 cm, eine weitere weist 2,5 cm auf und die dritte schließlich, die am besten erhalten ist, nur 2,3 cm.

Der einzige Beifund, eine bruchstückhaft erhaltene Stabkropfnadel, ist eine Nadelform, die häufiger zusammen mit typischen Beigaben aus Männergräbern, wie Rasiermesser und Pinzette, auftritt.

2.2.3.6 Ohrringe

Ohrringe sind in Ehlbeck in zwei Varianten vertreten, Segelohrringe und geknickte Ohrringe.

Segelohrringe

Die Segelohrringe wurden aus dünnem Bronzeblech getrieben. Der Körper selbst ist leicht gebläht und endet am vorderen Ende rundlich. Das hintere Ende ist dagegen hakenförmig umgebogen. Die meisten Fundstücke (Ehlbeck Nr. 37, 57, 104, 130, 157, 158, 170, 178 u. 195 sowie Rehlingen Nr. B 4) sind unverziert. Vier der Segelohrringe aus Urne 191, die zudem aus einem bandförmigen Bronzeblech gefertigt wurden, weisen eine Verzierung aus getriebenen Längs- und Querriefen auf.

Mit Hilfe der einzelnen Endstücke ließ sich ungefähr die Anzahl der jeweils in einer Urne befindlichen Segelohrringe bestimmen. Drei Exemplare fanden sich in den Urnen 57 u. 130 sowie Rehlingen B 4, vier in den Urnen 158 u. 195 und fünf in Urne 191. Häufig sind diese Segelohrringe noch mit aufgezogenen blauen Glasperlen versehen, so bei den Ohrringen aus den Urnen 57, 158, 170 u. 191.

Vielfach kann nicht entschieden werden, ob die Beigaben auf dem Scheiterhaufen gelegen haben, eindeutig ist dies nur für die Segelohrringe aus den Urnen 57 und 158, die stark angeschmolzen sind.

Segelohrringe werden als Bestandteil der weiblichen Schmucktracht angesprochen. Als Begleitfunde wurden Bombennadeln, Rollenkopfnadeln und Gürtelzubehör beobachtet.

Geknickte Spiralohrringe

Diese Form der Ohrringe besteht aus kleinen aufgedrehten Spiralen aus Bronzedraht, die in der Mitte eingeknickt sind. Das äußere Spiralende ist hakenförmig umgebogen. Entsprechende Fundstücke liegen aus Urne 129 und nach den Eintragungen im Feldtagebuch auch aus Urne 125 vor. Drei der Exemplare aus Urne 129 sind gut erhalten, vom vierten dagegen nur kleine Bruchstücke.

Im benachbarten Urnenfriedhof von Soderstorf, Ldkr. Lüneburg, kommt diese Form nur paarweise vor (Hässler 1976, 35).

Auch diese Form gehört zur weiblichen Schmucktracht. In Urne 129 fanden sich die Bruchstücke einer Nadel, die möglicherweise ehedem in einem Bombenkopf endete.

2.2.3.7 Gewölbte Zierbuckel mit eingebogenen spitzen Enden

In Urne 114 wurden Bruchstücke von drei mehr oder weniger sechseckigen Zierbuckeln aus Bronze gefunden, deren spitze Enden daraufhindeuten, dass sie ehedem als Besatz auf einer Unterlage aus Leder Verwendung fanden. Die übrigen Fundstücke aus dieser Urne bestanden aus bronzenen Ringen, vermutlich Resten einer Armspirale und eines Fingerringes.

2.2.3.8 Ringschmuck

Aus Urne 95 stammt das Bruchstück eines dünnstabigen Bronzeringes, der vermutlich als Halsringgetragen wurde. Bei den bronzenen Bruchstücken aus Urne 114 handelt es sich um einen Fingerring mit D-förmigem Stabquerschnitt und die Reste einer Armspirale mit ähnlichem Stabquerschnitt.

Teile weiterer Ringe aus Bronze wurden als Einzelfunde (Taf. 26) auf dem Urnenfriedhof geborgen. Es handelt sich einmal um das Bruchstück eines breiten, bandförmigen Ringes (Stabdm. 1,4 : 0,5 cm) aus Bronze, der auf der Schauseite Reste einer Riefenzier erkennen läßt. Dieses Fundstück hat auf dem Scheiterhaufen gelegen, was die Schmelzspuren eindeutig belegen. Zum anderen liegt das Bruchstück eines unechten Wendelringes aus Bronze mit eingekerbten Rippen vor. Die Unterseite ist flach, die Schauseite oval aufgewölbt. Von diesem Halsring liegt noch ein weiteres nach der Ausgrabung aufgelesenes Bruchstück vor, nämlich ein gerippter Teil, der an einem Ende sich verbreitert und dort eine Kreisaugenzier trägt (Lüneburg, Mus. [ehem. Slg. Borkowski]). Alle drei Bruchstücke gehören zu einem unechten Wendelring mit imitierter Torsion und Hakenverschluß (Sprockhoff 1924, 97 ff.; Tempel 1994, 77 ff.), wie sie z. B. aus den Hortfunden von Tarmstedt und Klein Meckelsen, beide Ldkr. Rotenburg, vorliegen (Tempel 1994, 88 ff., Abb. 7 – 13). Ebenfalls zu einem unechten Wendelring mit imitierter Torsion gehört ein weiteres von Borkowski aufgesammeltes Bruchstück.

Der kleine Ring aus Urne 98 ist aus Eisen gefertigt, sein Durchmesser beträgt 1,9 cm. Die Rückseite ist flach geformt, die Vorderseite aufgewölbt.

2.3 Relativ chronologische Überlegungen

Für den nordostniedersächsischen Bereich liegt eine Reihe von chronologischen Gliederungen zur vorrömischen Eisenzeit vor. Die früheste Bearbeitung dieses Fundstoffes geht auf Schwantes zurück, der seine Erkenntnisse in einer Anzahl von Arbeiten niederlegte (Schwantes 1909, 140 ff; ders. 1911). Auf diesen Arbeiten bauten alle späteren Bearbeiter mehr oder weniger auf, so Wegewitz (Wegewitz 1937; 1961; 1962; 1964; 1977 u. 1978), Krüger (Krüger 1961), Harck (Harck 1973 u. 1978) und Häßler (Hässler 1976 u. 1977). Die beiden zuletzt genannten lehnen sich in ihren chronologischen Überlegungen zudem noch an die von Hingst für das südliche Schleswig-Holstein erarbeitete zeitliche Abfolge der ältereisenzeitlichen Urnenfriedhöfe an (Hingst 1959). Für den Urnenfriedhof in Ehlbeck/Rehlingen sind außer den Arbeiten von Schwantes nur noch die genannten Untersuchungen von Harck und Häßler von Bedeutung, wohingegen die Arbeit von Krüger sich als zu grobmaschig erweist (Hässler 1977, 17 f.) und Wegewitz nicht über die Erkenntnisse von Schwantes hinaus kommt.

Die Anzahl der erhaltenen bzw. ansprechbaren Urnen und Grabbeigaben aus Ehlbeck/Rehlingen ist zu klein, um mit ihrer Hilfe zu einer eigenen, fundierten zeitlichen Gliederung des Fundstoffes zu gelangen. Im Hinblick auf horizontalstratigraphische Überlegungen erweisen sich die verschiedenen Urnengruppierungen, seien es Gruppen von Urnen, die dichter beieinanderstehend jeweils von einem flachen Stein abgedeckt waren, oder solche, die unter einem kreisförmigen Steinpflaster lagen, als Störfaktor. Hinter diesen Urnenansammlungen verbergen sich jeweils, wie es die Untersuchungen auf dem benachbarten Urnenfriedhof von Soderstorf, Ldkr. Lüneburg (Hässler 1976, 66 ff.), ergeben haben, die Bestattungen einer Familiengruppe, einerseits Männer, andererseits Frauen, die über mehrere Generationen hinweg hier beigesetzt wurden.

Bei der Bearbeitung der Urnenfriedhöfe der vorrömischen Eisenzeit hat sich immer wieder gezeigt, dass die von Schwantes für seine Definition der einzelnen Jastorf-Stufen benutzte Gliedrigkeit der Gefäße zu Recht besteht. Aus Ehlbeck/Rehlingen liegen ein- und zweigliedrige Gefäße insbesondere aus den Urnenansammlungen vor, aber sie finden sich auch in lockerer Streuung im gesamten übrigen Friedhofsbereich. Auch die von Häßler aufgestellte Gruppe der zweigliedrigen Gefäße mit leistenförmig verstärktem Rand (Hässler 1976, 48 f.) läßt keine eindeutige Schwerpunktbildung erkennen. Dies zeigt sich erst bei den dreigliedrigen Gefäßen, deren Verteilung sich leicht nach Norden hin verschiebt. Häßler datiert die zweigliedrigen Formen mit leistenförmig verstärktem Rand in einen Übergangshorizont zu den dreigliedrigen Gefäßen (Hässler 1977, 20). Auffällig ist, dass in den beiden umfangreichen Urnengruppen im Südteil des Gräberfeldes von Ehlbeck jeweils nur ein Gefäß zur Gruppe der dreigliedrigen Gefäße gehört, eine Beobachtung, die wohl chronologisch gewertet werden muß. Flaschenförmige Gefäße der verschiedenen Formen bleiben auf den Südteil des Urnenfriedhofes beschränkt, dagegen finden sich im Nordteil alle gedrungenen Zweihenkeltöpfe mit scharf abgesetztem, ausladendem Rand, Töpfe, die einer Übergangsphase zur Stufe von Jastorf c bzw. deren Frühphase entsprechen dürften (Taf. 32 A).

Auch die Verzierung auf den Gefäßen scheint – wenigstens teilweise – relativ chronologisch auswertbar. Tonware mit gerauter Oberfläche, die durch ein Glättstreifen-Muster aufgelöst wird, konnten nahezu ausschließlich im Südwestteil des Gräberfeldes beobachtet werden. Im gleichen Bereich sind auch die Gefäße mit Besenstrichornamentik und mit Binsenzier versehenen Gefäße vertreten. Diese Verzierungen finden sich überwiegend auf zweigliedrigen Gefäßen mit und ohne leistenförmig verstärkten Rand.

Bei der Verteilung der Deckschalen auf dem Gräberfeld kann nur soviel erkannt werden, dass jene mit konisch aufsteigender Wandung und eingezogenem Rand häufiger im Norden verbreitet sind. Die übrigen Formen streuen über das gesamte Friedhofsareal.

Auch die Beigefäße sind gleichmäßig über den gesamten Friedhof verteilt (Taf. 32 B). Die etwas größere Häufung im Südteil des Friedhofes erklärt sich am ehesten dadurch, dass die im Nordteil häufiger vorkommenden Leichenbrandlager (Taf. 31 B) nur selten mit einem Beigefäß ausgestattet waren.

Bei den Grabbeigaben aus Metall sind Aussagen zur Verteilung auf dem Urnenfriedhof und damit ableitbare chronologische Aussagen noch lückenhafter. Allenfalls für den Ohrschmuck und eventuell auch die Nadeln liegt statistisch genügend

Material vor. Ohrringe finden sich in einem breiten Streifen, der von SW nach NO über das nördliche Gräberfeld hinzieht. In der Regel handelt es sich dabei um Segelohrringe mit und ohne eingehängte blaue Glasperlen, die seltenen geknickten Spiralohrringe wurden ausschließlich im Nordteil des Friedhofes beobachtet (Taf. 31 A). Eine vergleichbare räumliche Verteilung zeigt sich bei den Bombennadeln und Rollenkopfnadeln (Taf. 33 A). Diese Beigaben sprechen für die Ausstattungen von Frauen. Im Verbreitungsbereich dieser Beigaben konnten auch die wenigen erhaltenen kreisförmigen Steinpflaster bzw. deren Überreste beobachtet werden (Taf. 30 B). Davon abgesetzt ist der übrige Bereich des Friedhofes, insbesondere auch die Urnenansammlungen im Südteil, wo nach den gefundenen Grabbeigaben Männer beigesetzt worden sind (Taf. 31 A). Die beiden Ringkopfnadeln fanden sich im Nordteil, am Rande des Gräberfeldes.

Auffällig bleibt die verhältnismäßig hohe Anzahl von Leichenbrandlagern, die sich im Nordteil des Friedhofes deutlich häufen, obwohl dieser Bereich stark überpflügt worden ist und somit auch starke Zerstörungen aufweist (Taf. 31 B).

Nach der von Schwantes aufgestellten Chronologie muß der Urnenfriedhof Ehlbeck/Rehlingen in seine Stufen Jastorf a und Jastorf b, deren zeitliche Differenzierung ihm nur mit Hilfe der unterschiedlichen Gliedrigkeit der Tongefäße möglich war, datiert werden. Lediglich vier der Urnen würden seinem Chronologieschema zu Folge in die Stufe Jastorf c gehören, ohne dass diese Zeitstufe auch in den Metallbeigaben, nämlich Haftarmgürtelhaken, Gürtelringen mit Zwinge, Holsteiner Nadeln mit kleinem Kopf und Flügelnadeln, in Erscheinung tritt.

Anders als Schwantes stützt sich Harck bei der Definition seiner einzelnen Jastorf-Stufen nicht mehr in erster Linie auf die Keramik, sondern auf die Grabbeigaben. Die Mehrzahl der Urnenformen, die auch in Ehlbeck/Rehlingen vertreten sind, datiert er sowohl in seine Stufe Ib als auch Ic, die Leichenbrandlager ausschließlich in seine Stufe Ic. Versucht man das metallene Fundmaterial aus Ehlbeck/Rehlingen nach den Stufen von Harck zeitlich einzuordnen, dann gehören die wenigen, sicher als aus Männerbestattungen angesprochenen Grabbeigaben in seine Stufe Ib, dagegen aber nahezu alle Schmuckstücke aus Frauenbestattungen in seine Stufe Ic, ein Ergebnis, das doch etwas nachdenklich stimmt. Die Stufe Id ist durch die vier Urnen vertreten (Taf. 32 A), die Schwantes seiner Stufe Jastorf c zugeteilt haben würde.
Nach der von Häßler verwendeten Stufenfolge gehören die in Ehlbeck/Rehlingen ausgegrabenen Urnen und die Grabbeigaben in die Stufen Jastorf a und Jastorf b nach Schwantes.

Die auf dem Urnenfriedhof Ehlbeck/Rehlingen geborgenen bzw. aus Scherben rekonstruierten Urnen, Deckschalen und Beigefäße entsprechen durchaus denen, die auf den anderen bekannten Urnenfriedhöfen der Jastorf-Zeit vorkommen. Neben eingliedrigen Töpfen mit mehr oder weniger eiförmigem oder angedeutetem doppelkonischen Körper sind auch verschiedene Formen von Zweihenkeltöpfen bekannt. Zweigliedrige Töpfe kommen in zwei Ausführungen vor, nämlich solche, bei denen nur die Halszone deutlich vom Körper abgesetzt ist, und solche, bei denen zusätzlich noch der Rand leistenförmig verstärkt ist. Zu dieser Gruppe von Gefäßen gehören außer Zweihenkeltöpfen auch solche mit gleichförmig gerundetem Körper und gedrungene Gefäße mit flaschenförmigem Hals. Seltener sind dreigliedrige Gefäße vertreten, die entweder einen gleichmäßig gewölbten Körper oder zwei Henkel aufweisen. Ferner sind noch zwei unverzierte Tassen und ein Krug zu nennen. Alle diese Gefäße datieren in die Anfangsphasen der Jastorf-Zeit in der Lüneburger Heide (Jastorf a und b im Sinne von Gustav Schwantes) bzw. noch in die ausgehende Wessenstedt-Stufe. Dazu passen die verschiedenen Formen der Deckschalen und Beigefäße. Etwas jünger (Jastorf c) sind dagegen drei weitere Gefäße, nämlich rundbauchige zweihenklige Töpfe mit scharf abgesetzten Schrägrand und fehlendem Hals. Nicht angetroffen wurden in Ehlbeck allerdings die für die Stufe Jastorf c kennzeichnenden Grabbeigaben. Falls Urne 134, deren Rand nicht erhalten ist, ebenfalls zu dieser Gruppe von Urnen gezählt werden muß, dann zeigt die Bombenkopfnadel mit kleinem Kopf, dass man sich mit diesen wenigen Gefäßen sogar noch in der Übergangszeit von Jastorf b nach Jastorf c (nach Schwantes) befindet.

Damit sind allerdings noch nicht alle Möglichkeiten ausgeschöpft, um zu weiteren chronologischen Einsichten und damit zu Aussagen zu kommen. Auf dem benachbarten Urnenfriedhof von Soderstorf, Ldkr. Lüneburg, wurden die Leichenbrände aus den Urnen und den Leichenbrandlagern anthropologisch untersucht und zum Bestattungsbrauchtum und den geborgenen Beigaben in Beziehung gesetzt (Hässler 1976, 66 ff. u. Rösing 1976, 79 ff.). Dabei zeigte sich, – läßt man die ohnehin nicht nach dem Geschlecht unterschiedenen und als Infans I und II bzw. als Juvenil angesprochenen Leichenbrände außer Betracht – dass unter den kreisförmigen Steinpflastern fast nur Frauen, innerhalb der Steinringe dagegen Männer und Frauen und in den Ansammlungen von dicht beieinander stehenden Urnen ebenfalls männliche und einige weibliche Verstorbene bestattet worden sind (Hässler 1976, Karte 15). Dieses Ergebnis steht aber in einem deutlichen Gegensatz zu den mit Hilfe der nach Geschlechtern unterschiedenen Grabbeigaben gewonnenen Erkenntnissen (Hässler 1976, Karte 7). Zumindest für Soderstorf zeigt sich dabei folgender Befund: Bestattungen von Frauen, definiert durch die typischen Beigaben wie Gürtelhaken, Segel- und Spiralohringe (Hässler 1976, Karte 7) sowie durch Bombenkopfnadeln und Nadeln mit scheibenförmigem Kopf (Hässler 1976, Karte 5) stammen nur aus den Friedhofsbereichen mit kreisförmigen Steinpflastern, dagegen finden sich Rasiermesser und Pinzetten (Hässler 1976, Karte 7) sowie Nadeln mit abgerundetem Kopf und solche mit profiliertem Hals (Hässler 1976, Karte 5) innerhalb der Gruppen von dicht beieinanderstehenden Urnen und in den Bereichen mit Steinringen. Lediglich die wenigen Bestattungen der Urnengruppen VII und IX im Südteil des Friedhofes weichen davon ab, denn hier fand sich ausschließlich weibliches Trachtenzubehör wie Gürtelhaken und Segelohrringe. Daneben gibt es noch eine weitere Gruppe von Bestattungen, wo sowohl auf Grund der Leichenbrandanalyse, als auch nach dem archäologischen Befund Männer und Frauen nebeneinander bestattet wurden. Diese Urnen gehören ebenfalls zu kleinen Gruppen von mehr oder weniger weit auseinandergezogen beigesetzten Urnen, was auf zerstörte Steinpflaster hindeuten könnte.

Vergleicht man mit diesen Erkenntnissen die Beobachtungen, die trotz der weitreichenden Zerstörungen noch auf dem Urnenfriedhof Ehlbeck/Rehlingen, Ldkr. Lüneburg, gemacht werden konnten, dann liegen auch von hier damit übereinstimmende Feststellungen vor. Rasiermesser und Pinzetten finden sich in den Leichenbrandbehältnissen innerhalb der dicht beieinanderstehenden Urnenansammlungen und in den Urnen unter den kreisförmigen Steinpflaster weibliches Trachtenzubehör, nämlich Segel- und Spiralohrringe, Gürtelhaken und Gürtelringe, Bombenkopfnadeln und Zierbuckel.

Die gleichen Beobachtungen können auf dem etwas weiter Luhe abwärts gelegenen Urnenfriedhof von Putensen, Gem. Salzhausen, Ldkr. Harburg, gemacht werden (Wegewitz 1973). Auch hier stammt das weibliche Trachtenzubehör aus Bestattungen, die mit einem kreisförmigen Steinpflaster abgedeckt waren und das den Männern zu geschriebene Toilettegerät aus Leichenbrandbehältnissen, die in den Ansammlungen von dichter beieinanderstehenden Urnen beigesetzt wurden. Daneben gibt es auch hier einzelne Bestattungen, die von der allgemeinen Norm abweichen.

Diese Übereinstimmungen im Bestattungsbrauchtum auf allen drei benachbarten Urnenfriedhöfen können nicht auf einem Zufall beruhen. Vielmehr wird hier ein Bestattungsbrauchtum sichtbar, demzufolge Frauen unter kreisförmigen Steinpflastern und männliche Personen in den Ansammlungen von dicht beieinander stehenden Urnen bzw. innerhalb von Steinringen beigesetzt wurden. Zwar zeigt die Leichenbrandanalyse in Soderstorf (Hässler 1976, Karte 15) nur bei den kreisförmigen Steinpflastern ein damit übereinstimmendes Ergebnis, doch die Analyse des archäologischen Fundstoffes ist eindeutig: Männer und Frauen werden in getrennten, aber benachbarten Arealen auf ein- und demselben Friedhof beigesetzt. Die einzelnen Ansammlungen von Urnen und kreisförmigen Steinpflastern sind jeweils einer Familie zuzuordnen, die hier ihre Toten beerdigt hat. Hier können nun weitere chronologische Überlegungen ansetzen, denn sowohl bei den Urnengruppen, die auf engstem Raum zahlreiche Bestattungen aufweisen, als auch bei den kreisrunden Steinpflastern muß irgendwo die erste Bestattung erfolgt sein, an die sich dann alle übrigen der jeweiligen Gruppe anschlossen. Anders als Häßler (Hässler 1976, 55 ff.), der eine generelle Abfolge der Keramik und der metallenen Beigaben von Süd nach Nord zu erkennen glaubte, stützen wir uns nachfolgend auf die einzelnen Urnengruppen und die hier erkannte Abfolge der Keramik.

Zunächst soll vom Urnenfriedhof von Soderstorf ausgegangen werden, da hier in späterer Zeit die geringsten Eingriffe erfolgt sind. Häßler hat hier die einzelnen Ansammlungen von Urnen von I – X durchnummeriert (Hässler 1976, Karte 1) (hier Taf. 34), was zu einer leichteren Verständigung beiträgt. In Urnengruppe I, durch eine Bestattung mit einer Pinzette archäologisch dem männlichen Bereich zuzuteilen, wurden 25 Bestattungen angetroffen (Taf. 35), von denen 21 noch näher bestimmt und nach den Gefäßformen bzw. der Bestattungsart angesprochen werden konnten. Davon erfolgten 7 Bestattungen jeweils in einer eingliedrigen Urne, an deren Verbreitungsbereich sich nach Süden hin 3 Bestattungen in zweigliedrigen Gefäßen und 8 Leichenbrandlager anschließen. Die beiden zweigliedrigen Gefäße mit verstärkter Randleiste fanden sich im Norden randlich zu den eingliedrigen Urnen und das einzige dreigliedrige Gefäß wurde zwischen den zweigliedrigen Urnen und den Leichenbrandlagern angetroffen. Die umfangreiche Urnengruppe II, im zentralen Bereich der ausgegrabenen Fläche zwischen den kreisrunden Steinpflastern gelegen (Taf. 35), umfaßt 47 Bestattungen, von denen die meisten Urnen der Form nach noch näher bestimmt werden konnten. Um und zwischen die 15 eingliedrigen Gefäße sind 17 zweigliedrige eingegraben worden. Zwei Leichenbrandlager und ein zweigliedriges Gefäß mit leistenförmig verstärktem Rand lagern sich ebenso wie vier dreigliedrige Gefäße randlich an diese Gruppe an (Hässler 1976, 48 u. 57). Eine entsprechende Verteilung findet sich auch bei den 10 Bestattungen der Urnengruppe III (Taf. 35). Um die 2 dort geborgenen eingliedrigen Gefäße und die dazwischen liegenden 3 zweigliedrigen Urnen lagern sich nach außen hin 2 zweigliedrige Urnen mit leistenförmig verstärktem Rand, ein Leichenbrandlager und eine dreigliedrige Urne an. Auch unter den kreisförmigen Steinpflastern im Nordteil des Gräberfeldes konnten noch viele Gefäße nach ihrer Gliedrigkeit bestimmt werden. Dabei zeigte sich, dass sich diese umfangreiche Gruppe aus zwei verschiedenen Untergruppen besteht. Die erste setzt mit eingliedrigen Urnen im Nordosten ein und wird randlich und nach Südosten hin von zweigliedrigen Urnen eingefasst, an die wiederum randlich die wenigen zweigliedrigen Gefäße mit leistenförmig verstärkten Rand, die dreigliedrigen Leichenbrandbehältnisse und Leichenbrandlager anschließen. Die westliche Hälfte dieses Areals mit kreisförmigen Steinpflastern zeigt ein weniger einheitliches Bild, doch finden sich auch hier die dreigliedrigen Urnen im äußersten Randbereich. Häßlers Gruppierung X, z. T. nachhaltig bereits vor der Ausgrabung gestört (Hässler 1976, 68), umfaßt eine größere Ansammlung von weiter auseinanderstehenden Urnen, die sich von Nordwest nach Südost verteilen. Im SO dieses Areals finden sich die eingliedrigen Gefäße, an die sich nach NO hin die zweigliedrigen Gefäße anschließen, zwischen die sich einige zweigliedrige Gefäße mit leistenförmig verstärktem Rand und ein dreigliedriges Gefäß schieben.

Für unsere Fragestellung von Bedeutung sind auch die nur wenige Urnen umfassenden Gruppierungen IV und V, sowie VIII und IX. Hier zeigt sich, dass im Zentrum die eingliedrigen Gefäße stehen, um die herum die zweigliedrigen Urnen und einzelne Leichenbrandlager angelegt wurden (Taf. 35). Hier fehlen sowohl die zweigliedrigen Gefäße mit leistenförmig verstärktem Rand und die dreigliedrigen Formen, was wohl nur chronologisch gedeutet werden kann. Entsprechendes gilt für die gruppenweise beieinander liegenden Steinkreise im Südteil des Gräberfeldes.

Als Konsequenz aus diesen Beobachtungen ergibt sich die schon von Schwantes erkannte zeitliche Abfolge (Schwantes 1909, 140 ff.; 1911, 4 ff.) von ein- und zweigliedrigen Gefäßen (Jastorf a) hin zu den zweigliedrigen Formen mit leistenförmig verstärktem Rand, den dreigliedrigen Formen und den Leichenbrandlagern (Jastorf b).

Kann dieses Ergebnis auf den anderen beiden Urnenfriedhöfen, Putensen, Gem. Salzhausen, Ldkr. Harburg, und Ehlbeck/Rehlingen, Ldkr. Lüneburg bestätigt werden?

Der nördliche Teilabschnitt des Urnenfriedhofes von Putensen (Wegewitz 1973, 94 ff., Abb. 27) zeigt ein weitgehend mit den Beobachtungen aus Soderstorf übereinstimmendes Erscheinungsbild. Allerdings ist dieser Friedhof nicht so unberührt wie jener, denn nicht nur die Steinsucher des 19. Jahrhunderts haben hier die kreisförmigen Steinpflaster teilweise beschädigt und zerstört, sondern auch die langobardische Bevölkerung der Zeit um Christi Geburt, die am gleichen Ort ebenfalls ihre Toten beigesetzt hat. Doch wenn man die vollständig erhaltenen Steinpflaster durch die noch in Resten vorhandenen aber sonst weitgehend zerstörten ergänzt, dann zeichnen sich mehrere voneinander getrennte Bestattungsareale ab, zwischen die sich bzw. an die sich Ansammlungen von mehr oder weniger dicht beieinander stehenden Urnen schieben bzw. anlagern. Im Norden findet sich eine dicht gedrängte Gruppe von kreisförmigen Steinpflastern und auch Gruppen von Urnen, die sich mehr oder weniger dicht zusammendrängen (Gruppierungen 1 – 3). Im zentralen Bereich finden sich in einiger Entfernung von einem großen Steinkreis weitere kreisförmige Steinpflaster, den Zwischenraum füllen mehr oder weniger einzeln stehende Urnen aus (Gruppierung 4). Auch im südlichen Teilbereich der ausgegrabenen Fläche konnten Gruppen von Steinpflastern und dicht beieinanderstehenden Urnen beobachtet werden (Gruppierungen 5 - 6) und ganz im Süden eine letzte Gruppierung (7) (Taf. 36).

Im Norden der Grabungsfläche wurden mindestens zwei, möglicherweise sogar drei Familien bestattet. Hierfür sprechen die beiden größeren Ansammlungen von dicht beieinanderstehenden Urnen (Gruppierungen 1 und 2) im nordöstlichen Bereich des Friedhofes. Die östliche der beiden (Gruppierung 1) (Taf. 37) setzt mit einem terrinenförmigen Gefäß mit abgesetztem Hals, Urne 411, ein, das noch an die vorangegangene Stufe von Wessenstedt (Wessenstedt III) erinnert. An diese Bestattung – ein flacher Grabhügel muß vorausgesetzt werden – schließen sich nach Westen hin ein- und zweigliedrigen Urnen an, nach Osten hin folgen dann Leichenbrandlager und dreigliedrige Gefäße. Im Nordwesten bildet eine Jastorf c-zeitliche Bestattung den Abschluß. Hier ist wiederum eine zeitliche Abfolge von ein- und zweigliedrigen Gefäßen hin zu Leichenbrandlagern und dreigliedrigen Urnen offensichtlich. Die westlich benachbarte Ansammlung (Gruppierung 2) zeigt ein entsprechendes Bild; um die zentral gelegenen ein- und zweigliedrigen Urnen gruppieren sich nach Nordwesten hin dreigliedrige Urnen und Leichenbrandlager, ebenso im Westen und Osten dieser Gruppe (Taf. 37). Eine dritte Ansammlung (Gruppierung 3) setzt sich hauptsächlich aus zweigliedrigen Gefäßen mit und ohne verstärkte Randleiste zusammen, um die sich mehrere Leichenbrandlager und Kenotaphe anlagern (Taf. 37).

Weitaus schwieriger ist eine Analyse der zahlreichen Steinpflaster, da hier zahlreiche Gefäße nicht mehr näher angesprochen werden können. Es scheint aber so, dass auch hier mehrere Gruppen erkennbar sind. Im nördlichen Bereich setzen die kreisförmigen Steinpflaster im Westen ein und dehnen sich von dort aus zur Mitte des Areals mit Steinpflastern hin aus. Auffällig bleibt jedoch die gegenüber den ein- und zweigliedrigen Urnen sowie Leichenbrandlagern geringe Anzahl von dreigliedrigen Gefäßen unter den Steinpflastern (Taf. 36 A). Im Zentrum der im äußersten Nordwesten gelegenen Gruppe von Steinpflastern finden sich diejenigen, unter denen jeweils eine eingliedrige Urne beigesetzt wurde. Daran lagern sich weitere mit zweigliedrigen Gefäßen und noch randlicher diejenigen mit zweigliedrigen Formen mit verstärkter Randlippe, ferner die dreigliedrigen Formen und die Leichenbrandlager. In einer dritten Gruppe von kreisförmigen Steinpflastern, die sich östlich an die beiden zuvor genannten anschließt, findet sich nur eine eingliedrige Urne, dann jedoch mehrere zweigliedrige Gefäße. Zweigliedrige Gefäße mit leistenförmig verstärktem Rand, dreigliedrige Formen und ein Leichenbrandlager schließen sich an (Taf. 36 A).

Bei der hier als Gruppierung 4 bezeichneten Ansammlung von Urnen fällt ins Auge, dass die Urnen und kreisförmigen Steinpflaster erst in großem Abstand um die im Zentrum gelegene Urne 195 beigesetzt bzw. angelegt worden sind. Es hat hier den Anschein, dass um dem Rand eines flachen Grabhügels von etwa ~ 15,0 m Durchmesser, um die Bestattung 195 herum die ein- und zweigliedrigen Urnen, ferner einzelne mit leistenförmig verstärktem Rand und auch Leichenbrandlagern eingegraben wurden. Nach außen hin bilden die kreisförmigen Steinpflaster den Abschluß. Auch hier fanden sich nur ein- und zweigliedrige Urnen, ferner solche mit leistenförmig verstärktem Rand und Leichenbrandlager (Taf. 36 A u. B).

Um einen heute nicht mehr vorhandenen Grabhügel könnte es sich auch bei der abgegrabenen Fläche handeln, die randlich von den Gruppierungen 5 und 6 (Taf. 36 A u. B) eingefaßt wird. Den äußeren Abschluß nach Westen hin bilden wiederum kreisförmige Steinpflaster, die zum größten Teil über Leichenbrandlagern angelegt worden sind. Bei Gruppierung 5 umrahmen mehrere zweigliedrige Gefäße einige eingliedrige Formen; randlich schließen zwei Leichenbrandlager an. Die kleine Gruppierung 6 setzt sich aus drei zweigliedrigen Urnen, einer dreigliedrigen und einem Leichenbrandlager zusammen (Taf. 37).

Die kreisförmigen Steinpflaster im Südteil der Ausgrabungsfläche (Gruppierung 7) sind ebenfalls so angeordnet, als ob sie ehedem um den Fuß eines größeren Grabhügels herum angelegt worden sind (Taf. 36 A u. B). Dafür würde auch sprechen, dass bei der im angenommenen freien Raum ausgegrabenen Urne 26 kein Hinweis auf ein Steinpflaster erkannt werden konnte und die Urne zudem stark beschädigt ist. Das besagt, dass sie ohne größeren Steinschutz eingegraben worden ist. Die ältesten Bestattungen erfolgten in ein- und zweigliedrigen Gefäßen im äußersten Süden und Westen des mutmaßlichen Hügelfußes, sie setzten sich dann, dem „Hügelrand" folgend, mit dreigliedrigen Gefäßen und Leichenbrandlagern fort. Das zeitlich jüngste Gefäß, Urne 42, datiert bereits in die Stufe Jastorf c. Auffällig ist in dieser Gruppierung die große Anzahl an Kenotaphen.

Im Gegensatz zu den beiden zuvor genannten Urnenfriedhöfen von Soderstorf und Putensen ist jener aus Ehlbeck/Rehlingen, zumindest was den Ehlbecker Teilbereich betrifft, lange und intensiv überpflügt worden. Obertägige Anlagen wie die kreisförmigen Steinpflaster konnten nur noch in Resten beobachtet werden, dafür haben sich jedoch mehrere Ansammlungen von dicht beieinander stehenden Urnen mehr oder weniger gut erhalten (Taf. 38). Zur Gruppierung I, im Südwesten des Friedhofes gelegen, zählen 34 Bestattungen. Die eingliedrigen Gefäße finden sich in lockerer Streuung auf der Fläche, die zweigliedrigen Formen konzentrieren sich im West- und Nordteil, jene zweigliedrigen mit leistenförmig verstärktem Rand und das einzige dreigliedrige Gefäß sowie ein Leichenbrandlager liegen randlich im Südosten der Ansammlung (Taf. 38). Eine weitere Ansammlung von Urnen (Gruppierung II) wurde nach einer fundfreien Zone etwa 3,0 m weiter östlich davon ausgegraben. Es handelt sich um insgesamt 21 Bestattungen. Trotz starker Zerstörungen vieler Urnen läßt sich auch hier erkennen, dass die ein- und zweigliedrigen Urnen auf das Zentrum und den Westteil der Ansammlung beschränkt bleiben. Randlich im Südosten, aber auch vereinzelt im Nordosten, schließen sich die zweigliedrigen Urnen mit leistenförmig verstärktem Rand und das einzige dreigliedrige Gefäß an (Taf. 38). Zur dritten Gruppierung (III) zählen insgesamt 8 Beisetzungen, von denen die ein- und zweigliedrigen Urnen wiederum im Zentrum angetroffen wurden. Randlich schließen daran ein zweigliedriges Gefäß mit leistenförmig verstärktem Rand und drei Leichenbrandlager an (Taf. 38).

Die Analyse der Urnen aus den drei dicht beieinander liegenden und jeweils mehrere 100 Bestattungen umfassenden Urnenfriedhöfe von Soderstorf, Putensen und Ehlbeck/Rehlingen hat ergeben, dass hier mit Hilfe der Horizontal-Stratigraphie, insbesondere bei den Ansammlungen von nur mit einem Stein bedeckten dicht beieinander stehenden Urnen, eine Abfolge von ein- und zweigliedrigen Formen (Jastorf a), zu zweigliedrigen Gefäßen mit leistenförmig verstärktem Rand und dreigliedrigen Urnen (Jastorf b) hin zu solchen mit schräg abstehendem Rand und fehlendem Hals (Jastorf c) nachgewiesen werden kann. In den letzten beiden Zeitstufen häufen sich auch die Leichenbrandlager. Das entspricht den Vorstellungen, die Schwantes als erster (Schwantes 1909 u. 1911) geäußert hat. Wie verhalten sich nun die Grabbeigaben zur Gliedrigkeit der Gefäßformen?

Die für Männer typischen Grabausstattungen setzen sich aus Rasiermesser und Pinzetten zusammen, eine Ausstattung, die häufig noch durch gekröpfte Nadeln verschiedener Typen ergänzt wird. Nadeln mit geradem Nadelschaft wurden dagegen bislang im oberen Luhe-Bereich noch nicht zusammen mit Rasiermessern und Pinzetten beobachtet (Tabelle 1). Hiermit stimmt die Kartierung von Häßler auf dem Urnenfriedhof von Soderstorf (Hässler 1976, Karte 4) überein, mit deren Hilfe der Nachweis geführt werden kann, dass unter den den weiblichen Bestattungen vorbehaltenen kreisförmigen Steinpflastern – von wenigen Ausnahmen abgesehen – keine gekröpften Nadeln geborgen wurden. Das deutet daraufhin, dass die Mehrzahl der gekröpften Nadeln wohl aus Männergräbern stammen wird.

Beschränken wir uns auf die im oberen Luhe-Bereich gefundenen Bestattungen mit Rasiermesser und/oder Pinzette, so fällt nicht nur deren geringe Anzahl auf, sondern auch, dass sie ausschließlich – soweit noch bestimmbar – in ein- und zweigliedrigen Gefäßen angetroffen wurden, also in die Stufe Jastorf a (Schwantes) datiert werden müssen. Sie fehlen dagegen in zweigliedrigen Gefäßen mit leistenförmig verstärktem Rand, in dreigliedrigen Gefäßen und in Leichenbrandlagern, die zeitlich in die Stufe Jastorf b (Schwantes) gestellt werden (Tabelle 1). Rasiermesser und Pinzetten gelangten demnach nur während eines kurzen Zeitraumes in die Beigabenausstattungen.

Zu den kennzeichnenden Fundstücken aus den Beigabenausstattungen der Frauen aus dem oberen Luhebereich zählen nicht nur geknickte Spiralohringe und Segelohrringe, sondern auch Bombenkopfnadeln verschiedener Form und Größe, Scheibenkopfnadeln und die zahlreichen eisernen langen Nadelschäfte ohne Kopf. Bei letzteren handelt es sich zumeist wohl ebenfalls um Bombenkopfnadeln, bei denen der aus dünnem Bronzeblech gefertigte bombenförmige Kopf im Feuer des Scheiterhaufens verglüht bzw. zerbrochen ist. Einzelne gekröpfte Nadeln (z. B. Holsteiner Nadeln mit kleinem Kopf und Flügelnadeln), Tinsdahler und Heitbracker Fibeln sowie bandförmige Zungengürtelhaken und frühe Haftarmgürtelhaken vervollständigen die Schmucktracht. Geknickte Spiralohrringe fanden sich in Soderstorf und in Putensen in eingliedrigen Gefäßen, in Ehlbeck/Rehlingen ist die Gefäßform nicht mehr bestimmbar. Segelohrringe wurden dagegen sowohl in ein- und zweigliedrigen Gefäßen angetroffen, aber auch – wenn gleich viel seltener – in zweigliedrigen Gefäßen mit verstärktem Rand, in dreigliedrigen Urnen und in Leichenbrandlagern. Zusammen mit den geknickten Spiralohrringen und den verschiedenen Formen der Segelohrringe fanden sich häufiger Bombenkopfnadeln, die ebenso wie die Ohrringe hauptsächlich in ein- und zweigliedrigen Gefäßen angetroffen wurden. Bezieht man in diese Statistik noch die langen geraden Nadelschäfte mit ein, dann erhöht sich der Anteil an Bestattungen in zweigliedrigen Urnen mit verstärktem Rand, in dreigliedrigen Gefäßen und aus Leichenbrandlagern nur unwesentlich. Die Zungengürtelhaken verteilen sich wiederum hauptsächlich auf ein- und zweigliedrige Urnen, allerdings ist der Anteil an zweigliedrigen Gefäßen mit leistenförmig verstärktem Rand und in Leichenbrandlagern kaum geringer. Die wenigen Öhrnadeln und auch diejenigen mit Scheibenkopf sind nur aus Soderstorf und Putensen bekannt geworden; sie fanden sich in ein- und zweigliedrigen Gefäßen sowie in Leichenbrandlagern. Die Analyse auf den drei benachbarten Urnenfriedhöfen von Ehlbeck/Rehlingen, Soderstorf und Putensen hat ergeben, dass anders als bei den Männerbestattungen die Frauen auch noch in der Stufe Jastorf b (Schwantes) ihre Beigabenausstattung beibehielten (Tabelle 2).

Wann enden die Jastorf-Friedhöfe im oberen Luhe-Bereich? Auch hierfür lassen sich Anhaltspunkte auf den entsprechenden Urnenfriedhöfen gewinnen. In Ehlbeck/Rehlingen müssen als zeitlich jüngste Urnen die Zweihenkeltöpfe mit scharf abgesetztem Schrägrand, die Urnen 65, 96 und 202, angesprochen werden, die zeitlich in die Stufe Jastorf c (Schwantes) gehören. Hinzu kommt ein weiteres Gefäß, Urne 134, dessen Rand zwar nicht erhalten blieb, dass aber seiner äußeren Form nach zu den Zweihenkeltöpfen mit scharf abgesetztem Schrägrand gehört. Metallene Grabbeigaben, die in die Stufe Jastorf c gestellt werden müssen, liegen vom Urnenfriedhof Ehlbeck/Rehlingen nicht vor. Nach dem vorliegenden Befund – der Urnenfriedhof ist bisher nur teilweise ausgegraben – endet die Belegung auf diesem Urnenfriedhof zu Beginn der Stufe Jastorf c (Schwantes).

Im nördlichen Teilbereich des Urnenfriedhofes von Putensen, Gem. Salzhausen, Ldkr. Harburg, wurden 200 Bestattungen der beginnenden vorrömischen Eisenzeit ausgegraben. Es handelt sich dabei sowohl um ein- und zweigliedrige Gefäße, als auch um zweigliedrige Gefäße mit leistenförmig verstärktem Rand und dreigliedrige Formen sowie um Leichenbrandlager. Von diesem Befund weichen nur zwei etwas jüngere Bestattungen ab, Leichenbrandlager 15 und Urne 416. Im Leichenbrandlager 15 (Wegewitz 1973, 32, Taf. 2,15) fanden sich als Beigaben ein dreieckiger Gürtelhaken mit aufgesetztem bronzenem Niet, ein eiserner Gürtelring und ein langer Nadelschaft aus Eisen. Auch Urne 416, ein eiförmiger Zweihenkeltopf mit hochliegendem Umbruch und kurzer gerundeter Schulter, der ein nach außen gerichteter Rand aufsitzt (Wegewitz 1973, 66f., Taf. 31, 416), enthielt Grabbeigaben, die für eine zeitliche Einordnung in die Stufe Jastorf c (Schwantes) sprechen, nämlich die Überreste eines Haftarmgürtelhakens, eines eisernen Ringes mit Zwinge und eine bronzene Flügelnadel. Der nördliche Friedhofsbereich des Urnenfriedhof in Putensen endet ebenfalls mit der beginnenden Stufe Jastorf c (Schwantes).

In Soderstorf, Ldkr. Lüneburg, konnten bislang 938 Bestattungen ausgegraben werden (Thieme 2009, 108 ff.), von denen bisher allerdings nur die ersten 287 Gräber in einer Monographie vorgelegt worden sind (Hässler 1976), von den übrigen liegen vereinzelte kurze Vorberichte vor (Thieme 2009, 108 ff.). Von den bisher veröffentlichten Bestattungen datiert allein Leichenbrandlager 19 und Urne 62 in die Stufe Jastorf c (Schwantes). Bei Urne 62 handelt es sich um ein bauchiges zweihenkliges Gefäß mit abgesetztem Hals und heute fehlendem (schräg abstehenden) Rand, in dem als Beigabe eine Flügelnadelfibel, ein Zungengürtelhaken und ein eiserner Gürtelring lagen (Hässler 1976, 109, Taf. 9, 62). Aus Leichenbrandlager 19 konnte ein einteiliger Haftarmgürtelhaken mit abgerundeter Heftplatte und ein Gürtelring (Hässler 1976, 103, Taf. 37, 19) geborgen werden. Bei den nach der Publikation von Häßler fortgesetzten Ausgrabungen kamen dann noch weitere Fundstücke zu Tage, die in die Stufe Jastorf c (Schwantes) eingeordnet werden können, nämlich zwei Flügelnadeln, drei kleinköpfige Holsteiner Nadeln und mehrere Haftarmgürtelhaken (Thieme 2009, Abb. 11-12).

Die vorliegende Untersuchung hat ergeben, dass auf allen drei Urnenfriedhöfen die Belegung in den Zeitstufen Jastorf a und b kontinuierlich erfolgte, um dann – das zeigen die wenigen Bestattungen – mit dem Beginn der Zeitstufe Jastorf c (Schwantes) gleichzeitig ihr Ende zu finden (Laux 1998, 143 ff., Abb. 2; Thieme 2009, 108 ff.).

2.4 Weitere Urnenfriedhöfe der Jastorf-Zeitstufen der vorrömischen Eisenzeit im oberen Luhe-Bereich

Nach einem Bericht aus dem Jahre 1861 zitiert Müller (Müller - Reimers 1893, 145) folgendes: *„Bei Rehlingen lag an der Lopau auf ebenem Terrain ein großer Hügel, beinahe einen Morgen gross (0,2621 Hect.), der sich im Osten zu einer Höhe von 3-5 m erhob. Die obere Hälfte bestand aus losem grauen Sand, ohne Steine, die unteren aus festem, hartem Ort oder Branderde. Auf der höheren Stelle des Berges gegen Osten standen die Urnen, unmittelbar über der Branderde und ca. 2-6 Fuss (60-175 cm) tief. In der Richtung, wo die Urnen lagen, ragten 2 Steine in 4-5 Fuß (116-146 cm) Entfernung aufgerichtet wie Leichensteine hervor, jeder 60 cm hoch und 30 cm breit. Es wurde von der Lopau ein Kanal an den Berg geleitet und das strömende Wasser riss letzteren allmählich um. Hierbei stürzten die Urnen ins Wasser, 8-10 Stück wovon nur 2 erhalten wurden. Sie standen alle auf einem platten Steine und waren mit einem solchen auch zugedeckt, so zwar, dass dieser die Gefäße meist schon zerdrückt hatte. In zweien lag je ein Beigefäss. In einer Urne fanden sich 10 Ohrringe zum Theil zusammengehakt; dieselbe hatte weder eine Bedeckung, noch eine Unterlage von Steinen, sondern es waren um den Rand Bruchstücke von anderen Urnen herumgepackt, um ein Umfallen zu verhindern. Unten lagen Knochen, darauf die Ohrringe und über diesen Sand."*

Was besagt dieser Bericht? Der Hügel, bei dem es sich auf Grund der Größe wohl noch am ehesten um eine natürliche Erhebung gehandelt haben dürfte, lag auf dem Westufer der Lopau, denn nur so kann der östliche Teilbereich der offensichtlich mit Heide bestandenen Erhebung beim Bau eines Kanals (Flussbegradigung) in das Heideflüsschen abstürzen. Die genaue Lage dieses Urnenfriedhofes ist bislang unbekannt. Die Tiefe der Urnen und die Bemerkung, dass die obere Hälfte des „Hügels" aus losem grauen Sand ohne Steine bestand, deuten auf eine Überdünung des Geländes hin. Dem Bericht kann ferner entnommen werden, dass nur ein kleiner Teil des Urnenfriedhofes ins Wasser gestürzt ist, weitere Teilbereiche wurden „ausgegraben". Für letzteres spricht die detaillierte Beschreibung der Bestattungssitte und des Inhaltes der Urnen. Abdecksteine, Standsteine und Stelen sind für die frühen Jastorf-Zeitstufen kennzeichnend, ebenso die Funde von kleinen Beigefäßen und Segelohrringen; letztere sind im Landesmuseum in Hannover inventarisiert. Der Urnenfriedhof von Rehlingen I (Körner - Laux 1971, 148) datiert in die frühe vorrömische Eisenzeit (Jastorf a und b nach Schwantes). Der Scheibenohrring (Tackenberg 1934, 42 f., Taf. 11,10-12; Krüger 1961, 129, Taf. 17, 21) könnte daraufhin deuten, dass auch noch Urnen der Ripdorf-Stufe angetroffen wurden.

Ein weiterer ältereisenzeitlicher Urnenfriedhof wurde zwischen den Steingräbern der Totenstadt Oldendorf, Ldkr. Lüneburg, entdeckt (Hässler 1977, 41, Abb. 9). Es handelt sich dabei um kreisförmige Steinpflaster, von denen eines 1974 untersucht werden konnte. Neben dem Kreispflaster kam ein mit Dellen und Ritzlinien verziertes schalenförmiges Gefäß zu Tage. Scherben weiterer Urnen wurden bei Aufräumarbeiten nach einem Windbruch geborgen (Lüneburg, Mus. o. Inv.-Nr.).

Von einem Urnenfriedhof im Ortskern von Oldendorf (Körner, Laux 1971, 144) stammen zwei im Museum für das Fürstentum Lüneburg verwahrte Urnen, ein tonnenförmiger Zweihenkeltopf (Inv.-Nr. 2247) und ein eiförmiger Topf (Inv.-Nr. 2248). Auch dieser, ebenfalls nur angegrabene Urnenfriedhof unbekannten Ausmaßes muß in die ältere vorrömische Eisenzeit (Jastorf a und b) datiert werden.

Ein dritter Urnenfriedhof (Fundplatz 168) der älteren vorrömischen Eisenzeit wurde westlich des von Oldendorf nach Wetzen führenden Fahrweges entdeckt und in Teilen ausgegraben (Gehrke 1997, 25 ff.; Eger 1999, 300). Die geborgenen Urnen datieren in die ältere vorrömische Eisenzeit (Jastorf a und b nach Schwantes).

Luhe abwärts liegt auf deren westlichem Ufer ein weiterer Urnenfriedhof (Fundplatz 12) etwa 1,0 km nordnordwestlich der Ortsmitte von Salzhausen, Ldkr. Harburg (Wegewitz 1977, 231 f., Taf. 12). Die dort geborgenen Urnen und Beigaben finden sich heute im Helms-Museum in Hamburg-Harburg, im Museum für das Fürstentum Lüneburg und im Landesmuseum in Hannover. Die erhaltenen Urnen und Beigaben sprechen für eine zeitliche Einordnung dieses Fundplatzes in die ältere vorrömische Eisenzeit (Jastorf a und b nach Schwantes).

Ein südlich der von Lübberstedt nach Eyendorf, Ldkr. Harburg, führenden Landstraße gelegener Urnenfriedhof wurde wiederholt angeschnitten und teilweise auch ausgegraben. 1952 untersuchte das Helms-Museum 22 Grabstellen, doch sind auch schon vorher über die Sammlungen Wellenkamp (1860) und v. Estorff (1861) Urnen und Fundstücke in das heutige Landesmuseum in Hannover gelangt. Es handelt sich dabei hauptsächlich um ein- und zweigliedrige Urnen und sowie um ein dreigliedriges Gefäß. Auch die dabei geborgenen bzw. mit eingelieferten Grabbeigaben widersprechen einer Datierung in die Zeitstufen Jastorf a und b nicht (Wegewitz 1977, 181 ff., Taf. 50-52). Zu diesem Urnenfriedhof könnten auch die wenigen unter „Lübberstedt" inventarisierten Fundstücke im Landesmuseum Hannover gehören (Wegewitz 1977 207, Taf. 64).

Zu nennen ist ferner ein Urnenfriedhof, der zwischen Eyendorf und Raven gelegen haben soll (Wegewitz 1977, 186, Taf. 52, 23-24). Die Urnen befinden sich z. T. im Landesmuseum in Hannover, andere aber im Museum für das Fürstentum Lüneburg (Krüger 1961, 105).

Schwieriger zu beurteilen sind einige ältereisenzeitliche Urnen, die der Kaufmann Hahn aus Eyendorf 1940 dem Helms-Museum in Hamburg-Harburg übereignet hat. Es handelt sich dabei um eine Urne der frühen Jastorf-Stufe vom Fundplatz 5 aus Soderstorf-Thansen, Ldkr. Lüneburg, die der Kaufmann beim Spazierengehen in einem Hügel gefunden haben will (Wegewitz 1977, 239 f., Abb. 98, Taf. 70). In der zweigliedrigen Urne fand sich eine eiserne gekröpfte Nadel. Auffällig ist nun, dass der Kaufmann Hahn aus Eyendorf auch anderen Ortes beim Spazierengehen wiederum Urnen in einem Grabhügel fand, so in Döhle, Gem. Egestorf, Ldkr. Harburg (Wegewitz 1977, 164, Taf. 45). Hier handelt es sich um einen zweigliedrigen Zweihenkeltopf, auf dessen Leichenbrand ein Beigefäß und eine Rollenkopfnadel angetroffen wurde. Die gleichen Fundumstände nennt er für einige Urnen der Ripdorf-Stufe aus Putensen, Gem. Salzhausen, Ldkr. Harburg (Wegewitz 1973, 27). Nur hier wurden bei Nachgrabungen weitere Urnen der Ripdorf-Stufe geborgen. Anders in „Soderstorf-Thansen" und „Döhle"; hier liegt die Vermutung nahe, dass der Kaufmann Hahn aus Eyendorf diese Urnen auf dem oben genannten örtlichen Urnenfriedhof ausgegraben hat.

Etwa 13 km südwestlich der Ortschaft Rolfsen, Gem. Soderstorf, Ldkr. Lüneburg, wurde ein weiterer Urnenfriedhof der frühen Jastorf-Stufen teilweise ausgegraben (Wegewitz 1977, 226 ff., Taf. 68).

Die Übersicht über die anderen Urnenfriedhöfe der frühen Jastorf-Zeit im oberen Luhe-Bereich, ob sie nun schon im 19. Jahrhundert oder erst später angegraben worden sind, bestätigen die in Ehlbeck-Rehlingen, Soderstorf und Putensen gewonnenen Erkenntnisse zur Bestattungs- und Beigabensitte.

2.5 Zum Beginn der Jastorf-Friedhöfe im oberen Luhe-Bereich

In der Gemarkung Ehlbeck liegen, nur durch den Lauf des gleichnamigen Baches voneinander getrennt, in geringer Entfernung zueinander auf dem südlichen Hochufer ein Hügelgräberfeld mit bronzezeitlichen und früheisenzeitlichen Grabhügeln und nördlich des Baches ein ältereisenzeitlicher Flachgräberfriedhof. Sowohl der früheisenzeitliche (Wessenstedt-) Friedhof, als auch der ältereisenzeitliche (Jastorf-) Urnenfriedhof weichen in ihrem jeweiligen Erscheinungsbild, sowie in den Grab- und Beigabensitten nicht von den übrigen Friedhöfen der Region ab.

Ein weiterer hier noch nicht genannter Unterschied kann im oberen Luhe-Bereich in der topographischen Lage der Friedhöfe erkannt werden. Während der älteren, mittleren und jüngeren Bronzezeit aber auch für die frühe Eisenzeit (Wessenstedt-Zeitstufen) ist bei der Anlage der jeweiligen Friedhöfe keine besondere Vorliebe für bestimmte Geländelagen zu beobachten; im Gegenteil, die Bestattungsplätze finden sich überall, sowohl auf den Hochflächen, als auch nahe dem Wasser. Das ändert sich allerdings mit dem Beginn der älteren Eisenzeit (Jastorf – Zeitstufen). Deutlich wird bei allen Urnenfriedhöfen dieser Zeitstufe die enge Bindung an fließende Gewässer. So liegt der Urnenfriedhof von Ehlbeck/Rehlingen, Ldkr. Lüneburg, auf dem nördlichen Hochufer über dem gleichnamigen Bach, der zur Lopau hin entwässert. Der Urnenfriedhof Rehlingen I, Ldkr. Lüneburg, wurde auf dem westlichen Hochufer über der Lopau entdeckt, der Urnenfriedhof von Soderstorf, Ldkr. Lüneburg, liegt auf dem Hochufer nördlich der Luhe, jene bei Oldendorf, Ldkr. Lüneburg, sowohl östlich als auch westlich dieses Heideflüsschens und der Urnenfriedhof von Putensen, Gem. Salzhausen, Ldkr. Harburg, wiederum westlich der Luhe, entsprechendes gilt für den Urnenfriedhof Salzhausen, Ldkr. Harburg. Der ältereisenzeitliche Urnenfriedhof von Eyendorf, Ldkr. Harburg, wurde südlich des Nordbaches, der zur Luhe hin fließt, angelegt. Allein die genaue topographische Lage des Urnenfriedhofes zwischen Eyendorf, Ldkr. Harburg, und Raven, Gem. Soderstorf, Ldkr. Lüneburg, ist unbekannt. Die topographische Lage der verschiedenen ältereisenzeitlichen (Jastorf-) Friedhöfe und ihre deutliche Beziehung zu den Heideflüsschen und ihren Nebenbächen ist zu auffällig, um ohne einen bestimmten Grund erfolgt zu sein. Zu denken wäre hier an eine strikte Trennung des Bereichs der Lebenden von dem der Toten durch ein fließendes Gewässer oder aber, die Menschen der älteren vorrömischen Eisenzeit waren aus klimatischen Gründen gezwungen, sich in unmittelbarer Nähe des Wassers anzusiedeln.

Nach dem schon vorgestellten Ergebnis, dass die ältereisenzeitlichen Urnenfriedhöfe (Jastorf a und b nach Schwantes) mit dem Beginn der Stufe Jastorf c mehr oder weniger abrupt enden, stellt sich auch die Frage nach ihrem Beginn. Auf keinem der früheisenzeitlichen (Wessenstedt I – IV) Hügelgräberfriedhöfe des oberen Luhe-Bereiches und der übrigen Lüneburger Heide wurde eine Urne geborgen, die schon in die beginnende ältere vorrömische Eisenzeit (Jastorf a) datiert werden müßte (Laux 2009, 75 ff.). Für den Schlußabschnitt der frühen Eisenzeit (Wessenstedt IV) sind vielmehr große Tassen mit „Nienburger" Verzierung, zum anderen flache, aber auch hohe gegliederte und ungegliederte weitmundige Gefäße, z. T. mit Wellenrand kennzeichnend. Allerdings finden sich auch diese Gefäßformen unter den Hügeln der früheisenzeitlichen Nekropolen nicht allzu häufig, was eigentlich nur bedeuten kann, dass diese Hügelgräberfelder während der Zeitstufe Wessenstedt IV ihr Ende gefunden haben.

Für die Urnenfriedhöfe der beginnenden älteren Eisenzeit (Jastorf a) charakteristisch sind dagegen engmündige hochhalsige, bauchige und tonnenförmige Gefäße mit oder ohne abgesetzten Halsteil (Schwantes 1909, 142; ders. 1911, 6 f.). Davon weichen einige Gefäße, nämlich Terrinen und weitbauchige Tassen ohne Verzierung ab.

In Soderstorf, Ldkr. Lüneburg, fand sich unter einem kreisförmigen Steinpflaster Urne 175, eine weitmundige Terrine mit leicht einziehendem und schwach nach außen gestelltem, gekerbten Rand und gerautem Unterteil (Hässler 1976, 124; Taf. 24, 175). Auf dem Leichenbrand der Urne lag eine eiserne Schwanenhalsnadel mit kugeligem Kopf und die Bruchstücke eines Gürtelhakens (Taf. 28, 2). Die Schwanenhalsnadel und die Urne sind kennzeichnende Formen der späten frühen Eisenzeit (Wessenstedt IV), das kreisförmige Steinpflaster dagegen typisch für die ältere Eisenzeit (Jastorf a – c, nach Schwantes). Hier liegt offenbar eine der ältesten Bestattungen auf dem neu angelegten Urnenfriedhof von Soderstorf vor. Um eine eiserne Schwanenhalsnadel, deren Kopf allerdings abgebrochen ist, könnte es sich auch bei dem Fundstück aus Urne 119 (Hässler 1976, 117 f.; Taf. 16, 119), einer Henkeltasse mit konkav einschwingendem Hals- und ausladendem Bauchteil, handeln (Taf. 28, 6). Die mit einer schalenförmigen Deckschale und einem Deckstein abgedeckte Urne war von einer Steinpackung umgeben. Tasse und „Schwanenhalsnadel" stehen noch in der Tradition der frühen Eisenzeit (Wessenstedt IV), dagegen ist die Bestattungsart schon ältereisenzeitlich (Jastorf a). Um eine ähnliche Henkeltasse handelt es sich auch bei Urne 74 (Hässler 1976, 111; Taf. 11, 74), die von einer Steinpackung umgeben war. Eine Deckschale mit konisch aufsteigender Wandung deckte das Gefäß ab (Taf. 28, 3). Ebenfalls in der Tradition der ausgehenden frühen Eisenzeit (Wessenstedt IV) stehen noch weitere Urnen vom Urnenfriedhof Soderstorf. In Urne 40 (Taf. 28, 4), einem hohen glockenförmigen Gefäß mit Wellenrand, das mit einer Deckschale mit nach innen gebogenem Rand abgedeckt war, fand sich das Bruchstück einer eisernen Pinzette (Hässler 1976, 106; Taf. 4, 40). Auch diese Urne stand unter einem Kreispflaster, wie es für die Bestattungen der frühen Jastorf-Zeit kennzeichnend ist. Bei Urne 244 (Taf. 28, 1), einem weitmundigen tonnenförmigen Gefäß mit gerautem Unterteil und kurzer glatter Halszone und mit einem scharfgratigem Gerät gekerbter Randlippe (Hässler 1976, 133; Taf. 32, 244), zeigen sich noch Anklänge an entsprechende Gefäße der zeitlich vorangegangenen ausgehenden frühen Eisenzeit. Dagegen datiert die zugehörende Deckschale, die gekröpfte eiserne Rollen(?)kopfnadel und die Art der Beisetzung unter einem flachen Stein bereits in die ältere vorrömische Eisenzeit. Untypisch für die frühen Jastorf-Zeitstufen ist auch die Urne von Bestattung 186 (Taf. 28, 5). Diese wurde in einem hohen schalenförmigen Gefäß vorgenommen, das mit einer kalottenförmigen Deckschale abgedeckt war. Zwei Beigefäße, darunter eine dickwandige Tasse, und das Bruchstück einer eisernen Nadel sind die übrigen Grabbeigaben (Hässler 1976, 125 f.; Taf. 23, 186).

Auch auf dem Urnenfriedhof Ehlbeck/Rehlingen ist eine entsprechende Entwicklung zu beobachten. Hier liegen dicht beieinander die Bestattungen 103, 117 und 121. Bei Urne 103 handelt es sich um eine unverzierte Tasse „Nienburger" Form mit breitem, den Schulter-Hals-Bereich überspannenden Henkel und einer Deckschale (Taf. 29, 1), bei Urne 117 um ein bauchiges schalenförmiges Gefäß mit abgesetztem, konkav eingezogenem Hals und einer Deckschale (Taf. 29, 3) und bei Urne 121 um eine dünnwandige Schale mit abgesetztem Halsteil (Taf. 29, 2). Zu diesen Formen zählt auch die Urne 92, eine Tasse mit abgesetztem Halsteil und einem Henkel, der den Schulter-Hals-Teil überspannt. Eine Deckschale deckte die Urne ab (Taf. 29, 4). Bei den vorgestellten Gefäßen dürfte es sich wiederum um die ältesten Bestattungen auf dem Urnenfriedhof Ehlbeck/Rehlingen handeln. In diesen Zeitabschnitt gehören auch die Streuscherben einer Tasse (B) (Taf. 29, 6) und die eines hohen ungegliederten Gefäßes (A) mit gekerbten Rand und gerautem Unterteil (Taf. 29, 5). Bei der kleinen Tasse, von der nur Schulterscherben erhalten blieben, ist eine Verzierung aus dachförmig verlaufenden Riefen, die in Punkten enden, erkennbar. In der Verzierung werden Verbindungen zu den allerdings größeren „Nienburger" Tassen erkennbar. Diese zuletzt genannten Scherben (A u. B) könnten allerdings auch aus dem nahegelegenen, etwa 400 m entfernten Siedlungsplatz (Ehlbeck Nr. 4) der Wessenstedt-Zeitstufen stammen (Taf. 1). Unter den Randscherben von diesem Fundplatz finden sich sowohl solche von steilwandigen Gefäßen mit Wellenrand, als auch solche mit Kerbzier auf der Randlippe (Lüneburg, Mus. Eb. 4 [ehem. Slg. Borkowski]). Meist sind allerdings die vom Acker abgesammelten Scherben zu klein, um noch zu weiterführenden Aussagen zu kommen.

Auch aus Putensen liegen drei Gefäße vor, die deutlich von den gebräuchlichen Jastorf-Formen abweichen. Bei Urne 411 handelt es sich um eine weitmundige Terrine mit kurzem abgesetztem Halsteil; eine Deckschale lag auf der Urne (Wegewitz 1973, 66; Taf. 31, 411) (Taf. 29, 7). Aus dem Rahmen fällt auch Urne 426, die leider nur in Scherben erhalten blieb. Es handelt sich um einen dickwandigen Topf mit aufgerauter Wandung und gekerbter Randlippe (Wegewitz 1973, 67 f.). Die Urne war ebenfalls mit einer Deckschale abgedeckt und in ihr lagen die Bruchstücke einer eisernen Nadel. Als Terrine mit abgesetztem, steilen Hals muß dagegen Urne 68 (Wegewitz 1973, 36; Taf. 6, 68) (Taf. 29, 8) angesprochen werden. Das Leichenbrandbehältnis war mit einer Deckschale abgedeckt. Die drei Gefäße fanden sich innerhalb der Gruppen mit dicht beieinanderstehenden Urnen der frühen Jastorf-Zeitstufen.

Wie sind nun diese wenigen Gefäße der vermutlich ältesten Beisetzungen auf den neu angelegten Flachgräber-Friedhöfen der beginnenden vorrömischen Eisenzeit (Jastorf-Zeitstufen im Sinne von Schwantes) zu werten? Bei den breitbauchigen Tassen, weitmundigen Terrinen mit kurzem abgesetztem Hals und den hohen weitmundigen Kümpfen bestehen eher Entsprechungen mit den Gefäßen der frühen Eisenzeit (Wessenstedt III und hauptsächlich Wessenstedt IV), als mit solchen der darauf folgenden älteren vorrömischen Eisenzeit (Jastorf a und b nach Schwantes). Allerdings sollte man nicht an eine Verlagerung der jungbronzezeitlich/früheisenzeitlichen Grabhügelfriedhöfe im oberen Luhe-Bereich und in der übrigen Lüneburger Heide an andere Örtlichkeiten in den jeweiligen Feldmarken und damit an eine Kontinuität denken, denn der Wechsel in den Bestattungs- und Beigabensitten ist doch zu einschneidend (Tabelle 3). Hinzu kommt, dass die neu angelegten Urnenfriedhöfe für einen vergleichbaren Zeitraum von etwa 250 Jahren eine wesentlich höhere Anzahl von Bestattungen aufweisen, nämlich mehrere Hundert Beisetzungen, gegenüber den jeweils 30 und im Höchstfall etwa 100 Toten auf den Grabhügelnekropolen der vorangegangenen frühen Eisenzeit (Wessenstedt-Zeitstufen).

Was ist nun die Ursache dafür?

Die kleinen bis mittelgroßen Nekropolen mit Grabhügeln der früheisenzeitlichen Wessenstedt-Kultur werden im oberen Luhe-Bereich und in der übrigen Lüneburger Heide bei der Neuanlage der großen Flachgräberfriedhöfe der Jastorf-Kultur der älteren vorrömischen Eisenzeit (Jastorf a und b nach Schwantes) aufgelassen. Anders dagegen im Bereich östlich des Drawehn, im Hannoverschen Wendland, in Teilen Schleswig-Holsteins, Westmecklenburgs, Brandenburgs und im Mittelelbe-Havelgebiet, denn hier setzen diese Urnenfriedhöfe bereits früher, schon mit der ältereisenzeitlichen Stufe Ia (Harck 1972, 22 ff.; Hingst 1959, 112 f.; Keiling 1969, 67 ff. u. a.), die im Lüneburgischen der spätesten Phase der Wessenstedt-Zeitstufe (Wessenstedt IV) entspricht, ein. Ab der älteren vorrömischen Eisenzeit (Jastorf a und b nach Schwantes; vorrömische Eisenzeit Ib und Ic nach Harck) verläuft dann die Entwicklung sowohl in der Lüneburger Heide als auch in den oben genannten weiter östlich gelegenen Gebieten parallel zueinander.

Dieser offensichtliche Bruch im Belegungsablauf der Urnenfriedhöfe im Lüneburgischen wird von Schwantes (1955, 99 f. 1958, 137 ff.) als „Jastorf-Störung" bezeichnet und mit einer Zuwanderung aus Skandinavien in Verbindung gebracht. Was verbirgt sich aber hinter dem Ende der Wessenstedt- und dem Neuanfang der Jastorf-Friedhöfe im Ilmenau- und im Luhe-Tal wirklich?

Im Mittelelbe-Bereich setzen die großen Flachgräberfriedhöfe schon während der Prä-Jastorfzeit (spätes Wessenstedt nach Schwantes/Stufe Ia nach Harck) ein, um dann eine kontinuierliche Entwicklung zur eigentlichen Jastorf-Zeit (Jastorf a nach Schwantes/Stufe Ib nach Harck) zu erfahren. Die von uns auf den Urnenfriedhöfen im oberen Luhe-Bereich als älteste Bestattungen angesprochenen Urnen sind mit den Gefäßen vergleichbar, wie sie z. B. auf dem Urnenfriedhof von Börnicke, Kr. Osthavelland, angetroffen wurden. In der Schicht A, deren Bestattungen aus der Zeit vor der Überdünung des Urnenfriedhofes in den Boden gekommen sind (Reinbacher 1963, 18 ff., Taf. 1-14), finden sich sowohl Gefäße, wie sie für den Schlußabschnitt der frühen Eisenzeit (Wessenstedt IV) im Lüneburgischen, als auch solche, die für die ältesten Urnen auf den neu angelegten Jastorf-Friedhöfen kennzeichnend sind. In Börnicke handelt es sich um die ältesten Bestattungen auf diesem lange belegten Urnenfriedhof (Seyer 1982, 12 ff.).

Im Hannoverschen Wendland und im westlichen Mecklenburg liegen andere Beobachtungen vor. Hier wurden die Urnenfriedhöfe vielfach kontinuierlich von der jüngeren Bronzezeit bis weit in die vorrömische Eisenzeit hinein belegt (Harck 1972, 22 f.; Keiling 1965). Als Beispiele sollen hier nur der Urnenfriedhof von Billerbeck, Gem. Schnega, Ldkr. Lüchow-Dannenberg (Harck 1978), und solche aus dem westlichen Mecklenburg (Keiling 1969) angeführt werden. Auffällig ist allerdings, dass hier bislang noch nicht die großen bauchigen weit- und weniger weitmundigen Tassen mit dem auffälligen Dellen-, Riefen- und Ritzmustern („Nienburger" Verzierung) angetroffen wurden. Dafür finden sich auf diesen Urnenfriedhöfen „weitbauchige Vasen" (Tassen), weitmundige Terrinen mit kurzem, abgesetztem Hals und ungegliederte Gefäße (Keiling 1969,14), was in etwa auch dem Formenschatz der ältesten Urnenbeisetzungen auf den Jastorf-Friedhöfen im oberen Luhe-Bereich entspricht.

Da mit dem Einsetzen der Jastorf-Friedhöfe im Lüneburgischen sich nicht nur die Bestattungssitte (Aufkommen der großen Flachgräberfriedhöfe mit den getrennten Bestattungsarealen von Männern und Frauen), sondern auch die Ausstattung mit Beigaben (Frauentracht und Toilettegerät der Männer) ändert (vgl. Tabelle 3), liegt die Vermutung nahe, an einen Bevölkerungswechsel zu denken, zumal auch eine nicht unbeträchtliche Vermehrung der Urnenfriedhöfe selbst und der auf ihnen vorgenommenen Beisetzungen zu verzeichnen ist. In der Schlußphase der Wessenstedt Kultur, der Zeitphase mit den großen weit- und engmundigen Tassen mit Dellen-, Riefen- und Ritzzier auf der Schulter überwiegen Verbindungen aus dem Elbe-Havel-Gebiet (Frühjastorf/Stufe Ia) und dem weiter entfernten mittleren Odergebiet. Diese Einflüsse erreichen den Lüneburger Raum von Süden her über die Aller und dann weiter entlang ihrer nördlichen Nebenflüsse in die eigentliche Lüneburger Heide. Mit diesen Einflüssen endet im Ilmenau-Tal und in der westlich vorgelagerten Nordheide auf nahezu allen Friedhöfen mit den flachen Grabhügeln der Wessenstedt-Zeitstufen die Belegung.

Der Zuzug der neuen Bevölkerungsgruppen erfolgte dabei wohl nicht von Norden her, was SCHWANTES (1955, 99) noch annahm, sondern vermutlich aus oder über den Mittelelbe-Havel-Raum, so dass die Neuankömmlinge ihre schon vorhandenen Handelsverbindungen zu den Endlausitzer Gruppen im Oderraum aufrechterhalten konnten. Auch die Nahverbindungen zum Elbe-Havelgebiet werden verstärkt, was sich z. B. in der Übernahme von den sechseckigen Bronzekrampen in der Gürteltracht, in der Verbreitung der Kaulwitzer Fibeln und des damit zusammenhängen Kettenplattenschmuckes, in der Verbreitung der brandenburgischen Doppelpaukenfibeln, die letztendlich auf Vorbilder aus dem westlichen Hallstatt-Bereich zurückgehen, sowie in Bandfibeln in der Art der Kaulwitzer Fibeln usw. deutlich zeigt. Die „wessenstedtzeitlichen" Urnen und Beigaben, die auf den im Lüneburgischen neuangelegten „Jastorf-Friedhöfen" vereinzelt angetroffen werden, finden so eine einfache Erklärung: sie wurden von den Neuankommenden mitgebracht.

3. Fundkatalog Ehlbeck / Rehlingen

Best. 1
M 7/8

Urne auf drei Bodensteinen stehend. T. 0,4 m.
Hohes dreigliedriges Gefäß mit gleichförmig gewölbtem Körper, geraut, umlaufende Fingertupfenleiste, Henkel mit schwalbenschwanzförmigen Enden, braun. H. 31,5 cm; Bdm. 10,5 cm; Mdm. 19,2 cm; gr. W. 30,1 cm. Taf. 10, 1.

Best. 2
M/N 7

Urne auf drei Bodensteinen stehend. T. 0,5 m.
Zweigliedriges Gefäß mit flaschenförmigem Hals und leistenförmig verstärktem Rand, poliert, schwärzlich. H. 30,5 cm; Bdm. 9,6 cm; Mdm. 17,2 cm; gr. W. 34,5 cm. Taf. 10, 2.
Scherben einer Deckschale, feingemagert, schwarz.
Lange eiserne Nadel ohne Kopf. L. 13,6 cm. Taf. 10, 2.
Bruchstücke einer zweiten eisernen Nadel. L. noch 5,2 cm. Taf. 10, 2.

Best. 3
N 7/8

Urne auf einer Bodenplatte stehend, mit zwei Steinen verkeilt.
Eingliedriges Gefäß mit mehr oder weniger eiförmigem Körper, geraut, glatte Halszone, braun. H.~30,5 cm; Bdm. 12,0 cm; Mdm. 12,5 cm; gr. W. 21,8 cm. Taf. 10, 3.

Best. 4
N 8

Urne mit zwei Steinen verkeilt. T. 0,3 m.
Unterteil eines schlanken Gefäßes mit gleichmäßig gewölbtem Körper, glatt, Glättstreifenzier.
Bruchstücke einer gekröpften eisernen Spatenkopfnadel. L. noch 11,0 cm. Taf. 10, 4.

Best. 5
N 7

Urne auf einer Bodenplatte stehend und mit zwei weiteren Steinen verkeilt. T. 0,3 m.
Doppelkonisches, zweigliedriges Gefäß mit leistenförmig verstärktem Rand, schwach geraut, Griffknubbe unterhalb des Halsansatzes, rotbraun. H. 20,5 cm; Bdm. 14,0 cm; Mdm. 13,4 cm; gr. W. 26,0 cm. Taf. 10, 5.
Deckschale mit gleichmäßig gewölbter Wandung, eingezogener Rand, glatt, schwarz. H. 7,4 cm; Bdm. 8,5 cm; Mdm. 21,5 cm; gr. W. 22,0 cm. Taf. 10, 5.

Best. 6
J 8

Urne auf zwei kleinen Bodensteinen stehend. T. 0,4 m.
Dickbauchiges, zweigliedriges Gefäß mit gleichmäßig gewölbtem Körper und leistenförmig verstärktem Rand, Unterteil geraut, rötlich. H. 34,0 cm; Bdm. 10,2 cm; Mdm. 14,0 cm; gr. W. 28,1 cm. Taf. 11, 6.
Eiserne Stabkropfnadel. L. 12,5 cm. Taf. 11, 6.
Bruchstücke eines eisernen Rasiermessers von mondsichelförmiger Form. Taf. 11, 6.
Eiserne Pinzette mit parallelen Wangen, die sich erst am Ende verbreitern. L. 7,5 cm. Taf. 11, 6.

Best. 7
J 8

Urne auf zwei kleinen Bodensteinen stehend. T. 0,3 m.
Gedrungenes, zweigliedriges Gefäß mit gleichmäßig gerundetem Körper, etwas geraut, hängendes Winkelbandmuster, braun. H. 26,6 cm; Bdm. 11,0 cm; Mdm. 12,0 cm; gr. W. 24,0 cm. Taf. 11, 7.
Scherben einer Deckschale, grauschwarz.

Best. 8
N 7/8

Urne ohne Steinschutz. T. 0,2 m.
Boden eines rötlichbraunen Gefäßes.

Best. 9
N 7

Urne auf drei Bodensteinen stehend. T. 0,2 m.
Unterteil eines Gefäßes, geraut, rotbraun.

Best. 10
M 8

Urne ohne Steinschutz. T. 0,25 m.
Gedrungenes, zweigliedriges Gefäß mit flaschenförmigem Hals, Verzierung am bartförmig endenden Henkel, braunschwarz. H. 19,5 cm; Bdm. 5,5 cm; Mdm. 11,2 cm; gr. W. 25,2 cm. Taf. 10, 10.
Scherben einer Deckschale, schwarz.

Best. 11
M 8

Urne ohne Steinschutz. T. 0,3 m.
Bauchiges, zweigliedriges Gefäß mit gleichmäßig gerundetem Körper, geraut, vier Ringwülste, braun. H. 30,5 cm; Bdm. 10,4 cm; Mdm. 16,0 cm; gr. W. 29,2 cm; Wülste Dm. 5,0 cm. Taf. 11, 11.
Scherben einer Deckschale mit breitem, abgesetztem Rand.
Scherben eines kleinen Beigefäßes, Henkel, schwarz.

Best. 12
N 8

Urne auf einer Bodenplatte stehend und mit einem Stein verkeilt. T. 0,2 m.
Unterteil eines Gefäßes mit gleichförmig gewölbtem Körper, bräunlich. Bdm. 12,0 cm. Taf. 11, 12.

Best. 13 M/N 8 Urne von Steinen verkeilt. T. 0,4 m.
Scherben eines hohen Jastorf-Gefäßes.

Best. 14 L 8 Urne ohne Steinschutz. T. 0,2 m.
Unterteil eines Gefäßes mit gleichmäßig gewölbtem Körper, geraut, rötlichbraun. Bdm. 11,5 cm. Taf. 11, 14.

Best. 15 M 8 Urne auf Bodenplatte stehend, dicht dabei weitere Steine. T. 0,25 m.
Unterteil eines Gefäßes mit gleichmäßig gewölbtem Körper, geraut, verziert mit senkrechten und waagrechten Glättstreifen, rötlich. Bdm. 9,5 cm. Taf. 11, 15.

Best. 16 L 7 Urne mit drei Steinen verkeilt. T. 0,5 m.
Hohes, zweigliedriges, dickbauchiges Gefäß mit gleichförmig gewölbtem Körper und leistenförmig verstärktem Rand, geraut. H. 41, 0 cm; Bdm. 12,3 cm; Mdm. 18,9 cm; gr. W. 33,0 cm. Taf. 12, 16.
Terrinenförmige Deckschale mit Knubben- und Bogenzier, schwarz. H. 12,0 cm; Bdm. 7,8 cm; Mdm. 22,8 cm; gr. W. 20,0 cm. Taf. 12, 16.

Best. 17 M 8 Urne ohne Steinschutz. T. 0,3 m.
Scherben eines Gefäßes, glatt, rotbraun.

Best. 18 M 7 Urne auf einer Bodenplatte stehend und mit einem Stein verkeilt. T. 0,4 m.
Eingliedriges Gefäß mit mehr oder weniger eiförmigem Körper, geraut, rotbraun. H. 30,2 cm; Bdm. 12,5 cm; Mdm. 16,0 cm; gr. W. 26,3 cm. Taf. 12, 18.
Scherben einer Deckschale.

Best. 19 M 7 Urne mit einem Stein verkeilt. T. 0,2 m.
Unterteil eines Gefäßes, unten glatt, darüber geraut.

Best. 20 M 7 Urne ohne Steinschutz. T. 0,35 m.
Hohes zweigliedriges Gefäß mit gleichmäßig gerundetem Körper, schwach geraut, rötlich. H. 31,0 cm; Bdm. 14,7 cm; Mdm. 14,7 cm; gr. W. 25,0 cm. Taf. 12, 20.
Scherben einer Deckschale.

Best. 21 M 8 Urne ohne Steinschutz. T. 0,2 m.
Bodenteil eines Gefäßes.

Best. 22 M 8 Urne auf mehreren Steinen stehend. T. 0,3 m.
Hohes, zweigliedriges Gefäß mit gleichförmig gewölbtem Körper und leistenförmig verstärktem Rand, gruppenweise angeordnete Besenstrichzier, abgeschlossen von Dellengruppen, rötlichbraun. H. 30,6 cm; Bdm. 12,4 cm; Mdm. 18,0 cm; gr. W. 26,8 cm. Taf. 13, 22.

Best. 23 M 8 Urne auf einer Bodenplatte stehend, T. 0,4 m.
Zweigliedriger Zweihenkeltopf mit leistenförmig verstärktem Rand, rötlichbraun. H. 28,3 cm; Bdm. 10,5 cm; Mdm. 13,1 cm; gr. W. 26,6 cm. Taf. 13, 23.

Best. 24 M 7 Urne auf zwei Bodensteinen stehend. T. 0,35 m.
Hohes zweigliedriges Gefäß mit gleichmäßig gerundetem Körper, geraut, Wellenbandzier und zwei Knubben, rötlich. H. 29,3 cm; Bdm. 12.2 cm; Mdm. 15,6 cm; gr. W. 22,5 cm. Taf. 12, 24.
Deckschale mit ausladenem Kragenrand, Omphalos im Boden, glatt, bräunlich. H. 7,8 cm; Bdm. 6,3 cm; Mdm. 25,5 cm. Taf. 12, 24.
Eiserne Stabkropfnadel. L. 12,4 cm. Taf. 12, 24.

Best. 25 N 8 Urne mit zwei Steinen verkeilt. T. 0,2 m.
Scherben eines Gefäßes, geraut, rotbraun.
Scherben einer Deckschale, glatt, rotbraun, aufgelegte Rippen.

Best. 26 N 8 Urne auf zwei Steinen stehend. T. 0,3 m.
Eingliedriger Zweihenkeltopf mit ausladendem Rand, Unterteil geraut und durch Glättstreifen gegliedert, Fußzone mit Grübchengruppen verziert, rotbraun. H. 29,4 cm; Bdm. 11,3 cm; Mdm. 17,5 cm; gr. W. 26,5 cm. Taf. 13, 26.

Best. 27 N 8 Urne ohne Steinschutz. T. 0,2 m.
Unterteil eines Gefäßes, schwach geraut, rotbraun.

Best. 28 N 8 Urne ohne Steinschutz. T. 0,3 m.
Hohes zweigliedriges Gefäß mit gleichförmig gewölbtem Körper und leistenförmig verstärktem Rand, geraut, rötlich. H. 29,6 cm; Bdm. 11,5 cm; Mdm. 14,5 cm; gr. W. 23,0 cm. Taf. 14, 28.

Best. 29 Urne ohne Steinschutz. T. 0,2 m.
N 8 Bodenteil eines rotbraunen Gefäßes.

Best. 30 Urne von Steinen umstellt. T. 0,4 m.
J 7 Doppelkonisches Gefäß, gerauter Unterteil, glatte Halszone, braun. H. ~36,0 cm; Bdm. 15,5 cm; gr. W. 36,0 cm. Taf. 13, 30.
Deckschale mit ausladendem Kragenrand, mit Riefen und Dellen verziert, braun. H. 6,9 cm; Bdm. 5,0 cm; Mdm. 23,2 cm. Taf. 13, 30.
Bruchstücke einer gekröpften eisernen Nadel. Taf. 13, 30.
Halbmondförmiges eisernes Rasiermesser. Taf. 13, 30.
Eiserne Pinzette mit sich allmählich verbreiternden Wangen. L. 8,8 cm. Taf. 13, 30.

Best. 31 Urne ohne Steinschutz. T. 0,25 m.
J 8 Scherben eines Gefäßes, geraut, mit senkrechten Glättstreifen gegliedert, bräunlich.
Scherben einer Deckschale, Omphalosboden, glatt, schwarz.

Best. 32 Urne auf drei Steinen stehend und von
J 9 Steinen umgeben. T. 0,2 m.
Scherben einer gerauten Urne.
Scherben einer Deckschale, glatt.

Best. 33 Urne ohne Seinschutz. T. 0,2 m.
J 8 Scherben eines Gefäßes, glatt, rötlichbraun.

Best. 34 Urne auf Bodenplatte stehend. T. 0,5 m.
J 9 Dickbauchiges, zweigliedriges Gefäß mit gleichmäßig gewölbtem Körper und leistenförmig verstärktem Rand, Besenstrichzier von Glättstreifen unterbrochen, Henkelknubbe, braun. H. 29,5 cm; Bdm. 10,2 cm; Mdm. 17,0 cm; gr. W. 25,0 cm. Taf. 14, 34.
Scherben einer Deckschale mit ausladendem abgesetztem Rand, gelblich.
Kleine Terrine mit schwach ausladendem Hals, Zier aus Dellengruppen, grau. H. 6,4 cm; Bdm. 3,2 cm; Mdm. 7,5 cm; gr. W. 8,8 cm. Taf. 14, 34.
Schaftbruchstück einer eisernen Nadel. L. noch 4,0 cm. Taf. 14, 34.

Best. 35 Urne auf mehreren Steinen stehend, von
J 8 weiteren Steinen umgeben, T. 0,5 m.
Hohes dreigliedriges Gefäß mit gleichmäßig gewölbtem Körper, geraut, rötlich, H. 30,4 cm; Bdm. 12,5 cm; Mdm. 16,2 cm; gr. W. 24,9 cm. Taf. 14, 35.
Eiserne Stabkropfnadel. L. noch 8,8 cm. Taf. 14, 35.

Best. 36 Urne von Steinschutz umgeben, daneben
I 8 Grube mit Holzkohle und Leichenbrand. T. 0,3 m.
Scherben, geraut, rotbraun.

Best. 37 Urne auf Bodenplatte stehend. T. 0,3 m.
J 11 Unterteil eines gedrungenen Gefäßes mit gleichmäßig gewölbtem Körper, geraut, rotbraun. Bdm. 11,5 cm. Taf. 14, 37.
Scherben einer Deckschale.
Eiserner Nadelschaft. L. noch 5,5 cm. Taf. 14, 37.
Rundes schälchenförmiges Bronzeteil, Teil eines Gürtelhakens. Taf. 14, 37.
2 vollständig zerbrochene, einfache bronzene Segelohrringe.

Best. 38 Urne auf Bodensteinen stehend. T. 0,5 m.
J 12 Unterteil eines Zweihenkeltopfes, geraut, braun.

Best. 39 Urne auf einem Bodenstein stehend, von
J 13/14 Steinen umgeben. T. 0,5 m.
Hohes zweigliedriges Gefäß mit gleichförmig gerundetem Körper, gerautes Unterteil, glatte Fußzone, abgesetzter Fuß, rötlichbraun. H. 30,4 cm; Bdm. 12,0 cm; Mdm. 15,0 cm; gr. W. 24,7 cm. Taf. 14, 39.

Best. 40 Urne ohne Steinschutz. T. 0,4 m.
J 14 Scherben eines hohen Gefäßes mit gleichmäßig gerundetem Körper, geraut, rotbraun.
Scherben einer Deckschale, Besenstrichzier, schwarz.
Eiserne Stabkropfnadel. L. 10 cm. Taf. 14, 40.
Bruchstücke einer eisernen Pinzette. Taf. 14, 40.

Best. 41 Urne von Steinen umgeben. T. 0,5 m.
J 16 Hohes Gefäß mit mehr oder weniger eiförmigem Körper, geraut, auf der glatten Halszone zwei Knubben, rotbraun. H. 33,2 cm; Bdm. 12,5 cm; Mdm. 16,5 cm; gr. W. 26,0 cm. Taf. 15, 41.

Best. 42 I 9 Urne auf Bodenstein stehend, von mehreren Steinen umstellt. T. 0,3 m.
Scherben eines bauchigen Gefäßes, glatt, rotbraun.
Deckschale mit gleichmäßig gewölbter Wandung, leicht eingezogener Rand, glatt, rotbraun. H. 8,1 cm; Bdm. 11,0 cm; Mdm. 22,5 cm. Taf. 15, 42.

Best. 43 J 21 Urne auf einem Bodenstein stehend. T. 0,3 m.
Scherben, geraut, rötlich.

Best. 44 J 18 Leichenbrandhäufchen auf Bodenstein liegend, von Steinschutz umgeben. T. 0,3 m.

Best. 45 J 18 Urne auf Bodenstein stehend. T. 0,4 m.
Hohes zweigliedriges Gefäß mit gleichmäßig gerundetem Körper, glatt, rötlich. H. 29,6 cm; Bdm. 11,7 cm; Mdm. 15,3 cm; gr. W. 24,9 cm. Taf. 15, 45.
Deckschale mit gleichmäßig gerundeter Wandung und schwach einziehendem Rand, glatt, braun. H. 8,7 cm; Bdm. 7,8 cm; Mdm. 22,7 cm. Taf. 15, 45.

Best. 46 M/N 6 Urne mit drei Steinen verkeilt. T. 0,5 m.
Unterteil eines hohen Gefäßes mit gleichmäßig gewölbtem Körper, geraut, leicht abgesetzter Standfuß. Bdm. 11,5 cm. Taf. 15, 46.
Zweigliedrige Henkeltasse mit abgesetztem Hals. H.. 6,6 cm; Bdm. 4,5 cm; Mdm. 7,8 cm; gr. W. 7,8 cm. Taf. 15, 46.
Eiserne, gekröpfte Spatenkopfnadel mit verziertem Kopf. L. ~13, 5 cm. Taf. 15, 46.

Best. 47 N 6/7 Urne auf Bodenplatte stehend. T. 0,5 m.
Gefäß mit mehr oder weniger eiförmigem Körper, geraut, bräunlich. H. 30,0 cm; Bdm. 11,0 cm; Mdm. 14,0 cm; gr. W. 25,8 cm. Taf. 15, 47.
Eiserne Stabkropfnadel mit profiliertem Kopfteil. L. noch 9,2 cm. Taf. 15, 47.

Best. 48 B 33 Urne von Steinschutz umgeben, am Rande einer Steinreihung. T. 0,4 m.
Scherben eines Zweihenkeltopfes, glatt, rötlich.
Deckschale mit gleichmäßig gewölbter Wandung und schwach eingezogenem Rand, glatt, rötlichbraun. H. 10,3 cm; Bdm. 8,5 cm; Mdm. 23,5 cm. Taf. 16, 48.

Best. 49 A 32 Urne von Steinschutz umgeben. ,T. 0,5 m.
Eingliedriger Zweihenkeltopf, geraut, glatte Halszone. H. 34,7 cm Bdm. 14,2 cm; Mdm. 18,3 cm; gr. W. 29,0 cm. Taf. 16, 49.
Bronzener Nadelschaft. L. noch 2,3 cm. Taf. 16, 49.
Großer eiserner Gürtelring, abgerundet rautenförmiger Stabquerschnitt. Dm. 5,5 cm. Taf. 16, 49.

Best. 50 M 7 Urne auf Bodenplatte stehend. T. 0,5 m.
Hohes zweigliedriges Gefäß mit gleichmäßig gerundetem Körper, Besenstrichzier im Unterteil, aufgelockert von Glättstreifen und Dellen, Riefenzier am Hals, rötlichbraun. H. 33,7 cm; Bdm. 11,0 cm Mdm. 14,4 cm; gr. W. 25,7 cm. Taf. 16, 50.

Best. 51 M 7 Urne auf drei kleinen Steinen stehend, von Steinschutz umgeben. T. 0,3 m.
Scherben, geraut.

Best. 52 N 7 Urne auf Bodenstein stehend. T. 0,3 m.
Unterteil eines gedrungenen Gefäßes mit gleichförmig gewölbtem Körper, geraut, braun. Bdm. l0,4 cm. Taf. 16, 52.
Scherben einer Deckschale.

Best. 53 N 7 Leichenbrandhäufchen auf Bodenstein liegend, von seitlichen Steinen verkeilt, mit Deckschale bedeckt. T. 0,4 m.
Scherben einer Deckschale, Henkel, geraut, bräunlich.

Best. 54 N 7 Urne auf Bodenplatte stehend, mit Steinen dicht umstellt. T. 0,5 m.
Hohes zweigliedriges Gefäß mit flaschenförmigen Hals und leistenförmig verstärktem Rand, poliert, rötlich. H. 32,6 cm; Bdm. 9,3 cm; Mdm. 16,5cm; gr. W. 27,5 cm. Taf.16, 54.
Deckschale mit gleichmäßig gewölbter Wandung, glatt. H. 10,4 cm; Bdm. 7,6 cm; Mdm. 22,5 cm. Taf. 16, 54.
Bruchstückhaft erhaltene eiserne Stabkropfnadel. L. noch 3,8 cm. Taf. 16, 54.
3 verschiedene große eiserne Klammern von der Scheide eines Messers (?). Taf. 16, 54.

Best. 55 Urne auf Bodenplatte stehend, von Steinschutz umgeben. T. 0,5 m.
H 9
Schlankes zweigliedriges Gefäß mit gleichmäßig gewölbtem Körper und leistenförmig verstärktem Rand, geraut, senkrechte Glättstreifen, Dellenzier, rotbraun. H. 33,5 cm; Bdm. 12,1 cm; Mdm. 14,2 cm; gr. W. 24,0 cm. Taf. 17, 55.
Scherben einer Deckschale, eingezogener Rand.
Konischer Becher mit Standfuß, glatt, H. 9,6 cm; Bdm. 5,5 cm; Mdm. 9,0 cm. Taf. 17, 55.

Best. 56 Leichenbrandhäufchen von Steinschutz umgeben. T. 0,4 m.
H 9

Best. 57 Urne auf Bodenplatte stehend, von Steinschutz umgeben. T. 0,3 m.
G 9/10
Unterteil einer schlanken Urne, geraut, rötlichbraun.
Bauchiger Becher mit ausschwingendem, leistenförmig verstärktem Rand, Omphalosboden, glatt. H. 8,7 cm; Bdm. 3,0 cm; Mdm. 8,1 cm; gr. W. 9,5 cm. Taf. 17, 57.
Angeschmolzene Bruchstücke von 4 einfachen bronzenen Segelohrringen mit angeschmolzenen blauen Glasperlen. Taf. 17, 57.

Best. 58 Urne von Steinen umgeben. T. 0,5 m.
D 33
Scherben eines bauchigen Gefäßes, geraut, rotbraun.
Schaftbruchstück einer eisernen Nadel. L. noch 5,8 cm. Taf. 17, 58.
Bruchstück einer eisernen Pinzette mit sich allmählich verbreiternden Wangen. L. noch 7,7 cm. Taf. 17, 58.

Best. 59 Kenotaph mit .Bodenplatte und Steinschutz. T. 0,4 m.
E 32

Best. 60 Urne von Steinschutz umgeben. T. 0,4 m.
I 32
Scherben eines Zweihenkeltopfes, glatt, braun.
Scherben einer Deckschale mit schwach eingezogenem Rand, glatt, schwärzlich.
Bruchstück einer gebogenen (gekröpften ?) bronzenen Nadel. Taf. 17, 60.

Best. 61 Urne auf Bodenplatte stehend, von Steinschutz umgeben. T. 0,4 m.
L 12
Zweigliedriges Gefäß mit flaschenförmigem Hals und leistenförmig verstärktem Rand, mit Punktgruppen verziert, Omphalosboden, schwärzlich-rötlich poliert, hart gebrannt. H. 24,1 cm; Bdm. 6,2 cm; Mdm. 15,0 cm; gr. W. 24,5 cm. Taf. 17, 61.
Deckschale mit gleichmäßig gewölbter Wandung, glatt, rotbraun. H. 7,7 cm; Bdm. 8,0 cm; Mdm. 21,5 cm; Taf. 17, 61.
Scherben eines Beigefäßes.

Best. 62 Urne auf zwei kleinen Steinen stehend. T. 0,3 cm.
K 17
Unterteil eines hart gebrannten Gefäßes, poliert, schwarzbraun.
Scherben eines Beigefäßes, schwarz.
Bruchstücke einer Ringkopfnadel mit angerostetem Bruchstück eines Rasiermessers (?). Taf. 17, 62.

Best. 63 Urne auf zwei Bodensteinen stehend. T. 0,45 m.
K 15
Unterteil eines Gefäßes geraut, rotbraun.
Bruchstück einer eisernen Nadel. L. noch 4,8 cm. Taf. 17, 63.

Best. 64 Urne auf Bodenplatte stehend, von Stein schutz umgeben. T. 0,5 m.
K 17
Zweigliedrige Henkelschale mit leistenförmig verstärktem Rand, Omphalosboden, poliert, schwarz. H. 17,4 cm; Bdm. 5,0 cm; Mdm. 18,0 cm; gr. W. 23,5 cm. Taf. 17, 64.
Bruchstück eines Bronzedrahtes.

Best. 65 Urne auf Bodenplatte stehend, von Stein schutz umgeben. T. 0,3 m.
K/J 17
Kleiner zweihenkliger Topf mit scharf abgesetztem Rand, glatt, braunschwarz. H. 20,0 cm; Bdm. 9,5 cm; Mdm. 15,5 cm; gr. W. 18,5 cm. Taf. 17, 65.
Deckschale mit konisch aufsteigender Wandung und leicht nach innen eingezogenem Rand, glatt, etwas gestreift. H. 10,0 cm; Bdm. 8,4 cm; Mdm. 24,7 cm; gr. W. 24,7 cm. Taf. 17, 65.
Scherben eines Beigefäßes.

Best. 66 Urne ohne Steinschutz. T. 0,1 m.
K 14
Scherben eines Zweihenkeltopfes, glatt, rotbraun.

Best. 67 Urne auf Bodenplatte stehend, von dichtem Steinschutz umgeben. T. 0,3 m.
L 19
Scherben eines hohen Gefäßes mit gleichförmig gewölbtem Körper, glatt, rötlich.
Scherben einer Deckschale, eingezogener Rand, glatt, rötlich.

Best. 68 Urne von Steinschutz umgeben. T. 0,2 m.
L 17 Unterteil eines gedrungenen, zweigliedrigen Zweihenkeltopfes, glatt, braun. Bdm. 9,0 cm. Taf. 17, 68.

Best. 69 Urne ohne Steinschutz. T. 0,3 m.
L 12 Hohes zweigliedriges Gefäß mit gleichmäßig gerundetem Körper, Unterteil geraut, durch waagerechte und senkrechte Glättstreifen gegliedert, Knubbe am Halsansatz, braun. H. 34,0 cm; Bdm. 12,0 cm; Mdm. 15,2 cm; gr. W. 24,5 cm. Taf. 18, 69.

Best. 70 Urne auf Bodenplatte stehend, von Steinschutz umgeben. T. 0,3 m.
L 13 Hohes Gefäß mit gleichförmig gewölbtem, leicht eiförmigem Körper, geraut, rotbraun. Bdm. 12,1 cm. Taf. 18, 70.
Scherben eines bauchigen Bechers. Bdm. 3,0 cm; gr. W. 7,3 cm. Taf. 18, 70.
Schaft einer eisernen Nadel. L. noch 7,7 cm. Taf. 18, 70.

Best. 71 Urne auf Bodenplatte stehend, von Steinschutz umgeben. T. 0,3 m.
L 12 Dreigliedriger Zweihenkeltopf, Omphalosboden, hart gebrannt, bräunlichschwarz. H. 16,0 cm; Bdm. 5,8 cm; Mdm. 11,0 cm; gr. W. 19,0 cm. Taf. 18, 71.

Best. 72 Urne auf Bodenplatte stehend, von Steinschutz umgeben. T. 0,4 m.
M 20 Schlankes zweigliedriges Gefäß mit gleichmäßig gewölbtem Körper, leistenförmig verstärkter Rand, abgesetzter Standfuß, geraut, rotbraun, H. 31,8 cm; Bdm. 12,5 cm; Mdm. 15,0 cm; gr. W. 25,0 cm. Taf. 18, 72.
Deckschale mit gleichmäßig gewölbter Wandung, schwach eingezogener Rand, geraut, bräunlich. H. 8,6 cm; Bdm. 8,0 cm; Mdm. 20,5 cm. Taf. 18, 72.
Zweigliedrige Tasse, glatt, grau. H. 7,1 cm; Bdm. 3,5 cm; Mdm. 7,4 cm; gr. W. 8,5 cm. Taf. 18, 72.

Best. 73 Urne ohne Steinschutz. T. 0,1 m.
M 17/18 Scherben, geraut, rotbraun.

Best. 74 Leichenbrandhäufchen auf Bodenplatte
L 14 liegend, von Steinschutz umgeben. T. 0,2 m.

Best. 75 Urne auf Bodenplatte stehend. T. 0,3 m.
M 16 Wenige Scherben.

Best. 76 Urne auf Bodenplatte stehend. T. 0,3 m.
M 11 Scherben eines bauchigen Zweihenkeltopfes, verziert mit sich kreuzenden Rillen und Riefen, rötlichbraunschwarz.

Best. 77 Urne unter gemeinsamen Steinschutz mit
N 18 Urne 78. T. 0,4 m.
Scherben eines Gefäßes mit gleichförmig gewölbtem Körper, geraut, braun.

Best. 78 Urne unter gemeinsamen Steinschutz mit
N 18 Urne 77. T. 0,9 m.
Gedrungenes zweigliedriges Gefäß mit flaschenförmigem Hals, glatt, mit Knubbe, schwarz, hart gebrannt. H. 21,0 cm; Bdm. 5,6 cm; Mdm. 13,5 cm; gr. W. 24,5 cm. Taf. 18, 78.
Deckschale mit gleichmäßig gewölbter Wandung, glatt, schwarz. H. 8,7 cm; Bdm. 6,3 cm; Mdm. 22,7 cm. Taf. 18, 78.

Best. 79 Urne auf Bodenplatte stehend. T. 0,4 m.
N 23 Scherben eines Gefäßes mit gleichförmig gewölbtem Körper, geraut, rotbraun.

Best. 80 Leichenbrandhäufchen auf Bodenplatte
N 16 liegend. T. 0,3 m.

Best. 81 Urne ohne Steinschutz. T. 0,3 m.
N 23 Gefäß mit flaschenförmigem Hals, dessen oberes Ende nicht erhalten ist, poliert, schwarz, hart gebrannt. Bdm. 9,0 cm; gr. W. 20,0 cm. Taf. 19, 81.

Best. 82 Urne mit zwei Steinen verkeilt, T. 0,3 m.
0 18 Bodenteil eines bauchigen Zweihenkeltopfes, glatt, rotbraun.
Bruchstück einer eisernen Stabkropfnadel. L. noch 7,3 cm. Taf. 19, 82.

Best. 83 Urne von Steinschutz umgeben, T. 0,3 m.
0 23 Unterteil eines Gefäßes, geraut, rotbraun.

Best. 84 Leichenbrandhäufchen auf zwei Bodenstei-
O/P 19 nen liegend, von Steinschutz umgeben. T. 0,3 m.

Best. 85 Urne auf einer Bodenplatte stehend.
I 10 T. 0,7 m.
Scherben, geraut.

Best. 86 Urne ohne Steinschutz. T. 0,45 m.
H/I 13 Unterteil einer kleinen gedrungenen Tasse, glatt, braun, hart gebrannt.

Best. 87 I/J 15 Urne auf Bodenplatte stehend, von Steinschutz umgeben. T. 0,4 m.
Eingliedriger Zweihenkeltopf, glatt, rötlichbraun. H. 30,0 cm; Bdm. 12,0 cm; Mdm. 13,5 cm; gr. W. 23,3 cm. Taf. 19, 87.
Deckschale mit konisch aufsteigender Wandung, glatt, bräunlich. H. 7,4 cm; Bdm. 6,0 cm; Mdm. 25,5 cm. Taf. 19, 87.
Eiserner Nadelschaft. L. noch 9,4 cm. Taf. 19, 87.

Best. 88 H 11 Urne auf Bodenplatte stehend. T. 0,5 m.
Scherben, glatt, rotbraun.

Best. 89 H 17 Urne auf Bodenplatte stehend, von Steinschutz umgeben. T. 0,2 m.
Scherben, geraut, rötlichbraun.

Best. 90 H 17 Urne auf einer Bodenplatte stehend. T. 0,2 m.
Wenige Scherben.

Best. 91 H 21 Urne auf fünf kleinen Steinen stehend, von Steinschutz umgeben. T. 0,5 m.
Scherben, glatt, rötlichbraun.
Scherben einer Deckschale mit eingezogenem Rand, glatt, bräunlich.

Best. 92 H 15 Urne auf Bodenplatte stehend, von Steinschutz umgeben. T. 0,6 m.
Tasse, glatt, bräunlichgrau, H. ~15,5 cm; Bdm. 5,8 cm; Mdm. 15,6 cm; gr. W. 20,5 cm. Taf. 19, 92.
Deckschale mit gleichmäßig gewölbter Wandung, Henkel ausgebrochen, glatt, grau. H. 8,5 cm; Bdm. 11,0 cm; Mdm. 21,7 cm. Taf. 19, 92.

Best. 93 H 14 Leichenbrandhäufchen ohne Steinschutz. T. 0,45 m.

Best. 94 H 17 Urne ohne Steinschutz. Unter der Urne weitere Leichenbrandreste. T. 0,5 m.
Eingliedriger Zweihenkeltopf, glatt, rötlichbraun. H. 27,0 cm; Bdm. 10,6 cm; Mdm. 15,5 cm; gr. W. 24,5 cm. Taf. 19, 94.
Deckschale mit konisch aufsteigender Wandung und nach innen gezogenem Rand, angedeuteter Standfuß. H. 8,5 cm; Bdm. 8,1 cm; Mdm. 18,6 cm; gr. W. 18,8 cm. Taf. 19, 94.

Best. 95 H 21 Urne auf Bodenplatte stehend. T. 0,6 m.
Scherben, glatt, schwarzbraun.
Scherben einer Deckschale mit eingezogenem Rand, schwärzlich.
Eingliedrige Henkeltasse, glatt, schwärzlich. H. 7,3 cm; Bdm. 5,5 cm; Mdm. 9,3 cm; gr. W. 10,0 cm. Taf. 19, 95.
Bruchstück eines dünnen Bronzeringes. Taf. 19, 95.

Best. 96 H 15 Urne auf einer Bodenplatte stehend, von Steinschutz umgeben. T. 0,55 m.
Hoher zweihenkliger Topf mit scharf abgesetztem Rand, deutlichem Standfuß, glatt, rotbraun. H. 30,0 cm; Bdm. 11,4 cm; Mdm. 15,4 cm; gr. W. 25,4 cm. Taf. 19, 96.

Best. 97 H 15 Urne auf einer Bodenplatte stehend, von Steinschutz umgeben. T. 0,5 m.
Gefäß mit mehr oder weniger eiförmigem Körper, geraut, rotbraun. H. 26,5 cm; Bdm. 12,5 cm; Mdm. 15,8 cm; gr. W. 23,5 cm. Taf. 20, 97.
Bruchstück einer gekröpften eisernen Nadel. Taf. 20, 97.

Best. 98 G 10 Leichenbrandhäufchen mit einer Deckschale abgedeckt. T. 0, 5 cm.
Scherben einer Deckschale mit Omphalosboden, glatt, schwärzlich.
Bruchstücke einer eisernen Nadel.
Kleiner eiserner Ring mit flacher Unterseite. Dm. 1,9 cm. Taf. 20, 98.

Best. 99 H 19 Urne auf einer Bodenplatte stehend. T. 0,5 m.
Zweigliedriger Zweihenkeltopf mit gleichförmig gewölbtem Körper und leistenförmig verstärktem Rand, glatt, braun. H. 30,7 cm; Bdm. 13,0 cm; Mdm. 14,2 cm; gr. W. 24,2 cm. Taf. 20, 99.
Bruchstücke vom Schaft einer eisernen Nadel. L. noch 4,8 cm. Taf. 20, 99.

Best. 100 H 14 Urne auf Bodenplatte stehend, von Stein schutz umgeben. T. 0,4 m.
Gedrungenes zweigliedriges Gefäß mit flaschenförmigem Hals, Omphalosboden, glatt, gelbbraun. H. 20,6 cm; Bdm. 5,8 cm; Mdm. 12,2 cm; gr. W. 23,5 cm. Taf. 20, 100.
Deckschale mit konisch aufsteigender Wandung und nach innen gezogenem Rand, glatt, bräunlichschwarz. H. l0,2 cm; Bdm. 8,5 cm; Mdm. 28,5 cm; gr. W. 28,7 cm. Taf. 20, 100.

Best. 101 G 22 Urne auf Bodenplatte stehend. T. 0,2 m.
Scherben, glatt, rötlichbraun.

Best. 102 G 12 Urne auf zwei Bodensteinen stehend und von Steinschutz umgeben. T. 0,55 m.
Scherben, geraut, rotbraun.
Bruchstücke einer eisernen Nadel und Eisenteile mit angeschmolzener Bronze (Bombennadel ?).

Best. 103 F/G 18 Urne auf Bodenplatte stehend und von zwei Steinen geschützt. T. 0,5 m.
Tasse, Halsriefe, glatt, schwarz, hart gebrannt. H. 15,9 cm; Bdm. 6,5 cm; Mdm. 15,3 cm; gr. W. 21,2 cm, Taf. 20, 103.
Scherben einer Deckschale, glatt, schwarz.

Best. 104 F/G 19 Urne in dichtem Steinschutz. T. 0,55 m.
Scherben.
Scherben eines Beigefäßes mit Omphalosboden.
Zungengürtelhaken mit trapezförmigem Körper und breitem Zungenende. L. 6,2 cm. Taf. 20, 104.
2 eiserne, rundstabige Gürtelringe. Dm. 2,6 - 2.8 cm. Taf. 20, 104.
Fragmente eines einfachen bronzenen Segelohrringes.

Best. 105 G 13 Urne von Steinen umstellt. T. 0,5 m.
Hohes zweigliedriges Gefäß mit gleichförmig gerundetem, eiförmigen Körper, geraut, rotbraun. H. 32,0 cm; Bdm. 12,3 cm; Mdm. 20,0 cm; gr. W. 29, l cm. Taf. 20, 105.
Deckschale mit konisch aufsteigender Wandung und nach innen gezogenem Rand, glatt, rotbraun. H. 9,3 cm; Bdm. 7,6 cm; Mdm. 22,8 cm; gr. W. 23,0 cm. Taf. 20, 105.
Bauchiger Becher mit ausschwingendem Hals und leistenförmig verstärktem Rand, glatt, Griffknubbe, Dellenzier, braunschwarz. H. 7,1 cm; Bdm. 4,0 cm; Mdm. 8,4 cm; gr. W. 9,5 cm. Taf. 20, 105.

Best. 106 G 16 Urne auf kleinen Steinen stehend und von weiteren umstellt. T. 0,5 m.
Scherben eines bauchigen Zweihenkeltopfes, glatt, rotbraun.

Best. 107 G 10 Leichenbrandhäufchen ohne Steinschutz. T. 0,5 m.
Eiserner Nadelschaft. L. noch 2,9 cm. Taf. 21, 107.

Best. 108 G 13 Urne auf drei kleinen Steinen stehend. T. 0,5 m.
Zweigliedriger Krug, leistenförmig verstärkter Rand, Henkel endet schwalbenschwanzförmig, glatt, gelbbraun-rötlich. H. 18,5 cm; Bdm. 6,0 cm; Mdm. 10,4 cm; gr. W. 17,0 cm. Taf. 21, 108.
Scherben einer kleinen Schale mit scharfem Umbruch (Beigefäß).

Best. 109 G 13 Leichenbrandhäufchen ohne Steinschutz. T. 0,45 m.

Best. 110 F/G 13 Leichenbrandhäufchen auf Bodenplatte liegend und mit Steinschutz. T. 0,35 m.

Best. 111 G 19/20 Leichenbrandhäufchen mit Deckschale bedeckt, kein Steinschutz. T. 0,4 m.
Deckschale mit konisch aufsteigender Wandung und nach innen gebogenem Rand, glatt, schwarzbraun, H. 9,8 cm; Bdm. 9,0 cm; Mdm. 21,8 cm; gr. W. 23,0 cm. Taf. 21, 111.

Best. 112 F 10 Urne auf Bodenplatte stehend, von Steinschutz umgeben, Holzkohleanreicherung. T. 0,4 m.
Zweigliedriges Gefäß mit flaschenförmigem Hals und leistenförmig verstärktem Rand, punktverziert, abgeschlagener Henkel, Omphalosboden, poliert, schwarz, hart gebrannt. H. 15,2 cm; Bdm. 4,2 cm; Mdm. 11,0 cm; gr. W. 18,0 cm. Taf. 21, 112.
Kleines zweigliedriges Gefäß mit flaschenförmigem Hals und leistenförmig verstärktem Rand, Griffknubben, Riefengruppen auf der Schulter, poliert, schwärzlich. H. 11,2 cm; Bdm. 4,8 cm; Mdm. 6,0 cm; gr. W. 11,5 cm. Taf. 21, 112.

Best. 113 F 10 Urne auf Bodenplatte stehend, von Steinschutz umgeben. T. 0,6 m.
Scherben, geraut, rotbraun.
Scherben einer Deckschale, Henkelansatz, glatt, schwärzlich.

Best. 114 F 14 Urne von Steinschutz umgeben. T. 0,6 m.
Scherben eines dreigliedrigen Gefäßes, glatt, rotbraun.
Bruchstücke von 3 verschiedenen bronzenen Ringen. Taf. 21, 114.
3 sechseckige gewölbte Zierbuckel mit umgebogenen spitzen Enden. Taf. 21, 114.

Best. 115 Urne auf Bodenplatte stehend. T. 0,55 m.
F 19 Scherben, glatt, graubraun.

Best. 116 Urne auf Bodenplatte stehend. T. 0,4 m.
F 12 Unterteil eines Gefäßes mit gleichmäßig gewölbtem Körper, schwach geraut, rotbraun.

Best. 117 Urne mit einem Stein abgedeckt. T. 0,6 m.
P 18 Zweigliedrige Schale mit leistenförmig verstärktem Rand, im Boden konzentrische Rippen, glatt, rotbraun. H. 13,0 cm; Bdm. 4,5 cm; Mdm. 19,5 cm; gr. W. 21,5 cm. Taf. 21, 117.
Deckschale mit gleichmäßig gewölbter Wandung und leicht eingezogenem Rand, durchlochte Henkelknubbe, glatt. H. 7,3 cm; Bdm. 10,5 cm; Mdm. 23,0 cm. Taf. 21, 117.

Best. 118 Urne mit einem Stein abgedeckt. T. 0,4 m.
P 17 Wandungsscherben eines großen bauchigen Gefäßes, geraut, rotbraun.
Scherben einer Deckschale, Omphalosboden, glatt, bräunlich.

Best. 119 Urne auf einer Bodenplatte stehend.
E 10 T. 0,55 m.
Unterteil einer bauchigen Urne, glatt, rotbraun.

Best. 120 Urne auf einer Bodenplatte stehend.
F 22 T. 0,55 m.
Scherben eines Zweihenkeltopfes, glatt, rötlichbraun.
Scherben einer Deckschale mit eingezogenem Rand, glatt, rötlich.
Bruchstück einer eisernen Ringkopfnadel. Taf. 21, 120.

Best. 121 Leichenbrandhäufchen, mit einer Deckschale
F 18 abgedeckt. T. 0,5 m.
Schale, dünnwandig, schwarz. H. 10,5 cm; Bdm. 5,1 cm; Mdm. 15,8 cm; gr. W. 17,0 cm. Taf. 21, 121.

Best. 122 Leichenbrandhäufchen ohne Steinschutz.
E 11 T. 0,4 m.

Best. 123 Urne ohne Steinschutz. T. 0,4 cm.
E 17 Gefäß mit mehr oder weniger eiförmigem Körper, abgesetzter Standfuß, glatt, Glättstrichzier, rötlich. H. 29,1 cm; Bdm. 12,0 cm; Mdm. 14,5 cm; gr. W. 25,5 cm. Taf. 21, 123.
Deckschale mit gleichmäßig gewölbter Wandung, glatt, braun. H. 7,8 cm; Bdm. 11,0 cm; Mdm. 23,0 cm. Taf. 21,123.

Best. 124 Urne in zerstörter Steinpackung. T. 0,4 m.
E 17 Scherben eines hohen Gefäßes, schwach geraut, rotbraun.
Scherben einer Deckschale, glatt, schwarz.
Schaft einer eisernen Nadel. L noch 6,4 cm. Taf. 21, 124.
Bronzereste, vermutlich von Segelohrringen.

Best. 125 Urne auf Bodenplatte stehend, von dichtem
E 19 Steinschutz umgeben. T. 0,6 m.
Unterteil eines Gefäßes, glatt, schwarz.
Scherben einer Deckschale, eingezogener Rand, glatt, braun.
Becher mit eingezogenem Fuß. H. 5,2 cm; Bdm. 2,1 cm; Mdm. 6,0 cm. Taf. 21, 125.
Nadelschaft. L. noch 5,5 cm. Taf. 21, 125.
Bruchstücke von Spiralohrringen (Tagebucheintragung)

Best. 126 Urne auf Bodenplatte stehend. T. 0,5 m.
D 18/19 Scherben eines hart gebrannten Gefäßes.

Best. 127 Leichenbrandhaufen auf Steinplatte liegend.
E 14 T. 0,4 m.
Scherben einer Henkeltasse (Beigefäß).

Best. 128 Leichenbrandhäufchen auf Bodenplatte
E 16 liegend, von Steinschutz umgeben. T. 0,4 m.
Fragmente einer eisernen Nadel und Bronzepartikel.

Best. 129 Urne ohne Steinschutz. T. 0,5 m.
E 22 Unterteil eines größeren Gefäßes, schwach abgesetzter Boden, glatt, bräunlichgrau.
Scherben einer Deckschale, glatt, schwärzlich.
Bruchstücke einer eisernen Nadel mit Bronzeresten am Kopf. L. noch 5,6 cm. (Bombennadel ?). Taf. 21, 129.
3 geknickte Spiralohrringe aus Bronze. Taf. 21, 129.

Best. 130 Urne auf Bodenplatte stehend, von Stein-
E 18 schutz umgeben, T. 0,45 m.
Scherben, glatt, rotbraun.
Bruchstück einer eisernen Nadel mit anpatiniertem Bronzeteil. Taf. 21, 130.
Bruchstücke von 5 einfachen Segelohrringen.
Bronzehaken, flach. L. 2,5 cm. Taf. 21, 130.

Best. 131 Leichenbrandhäufchen auf drei Steinen
E 18 liegend. T. 0,5 m.

Best. 132 Urne auf Bodenplatte stehend, mit einem
D 12 Stein verkeilt. T. 0,5 m.
Scherben eines hohen, schlanken Gefäßes, geraut, rotbraun.

Best. 133 Urne in dunkler Verfärbung. T. 0,4 m.
D 9/10 Scherben, glatt, rotbraun.

Best. 134 Urne auf Bodenplatte stehend, von Stein-
E 21 schutz umgeben. T. 0,65 m.
Gedrungener zweihenkliger Topf mit vermutlich scharf abgesetztem Rand, abgesetzter Standfuß, glatt, rotbraun. H. ~24,0 cm; Bdm. 15,1 cm; gr. W. 25,2 cm. Taf. 22, 134.
Deckschale mit gleichmäßig gewölbter Wandung, glatt, braun. H. 7,5 cm; Bdm. 10,8 cm; Mdm. 22,0 cm. Taf. 22, 134.
Bombenkopfnadel mit Tonkern. Kopfdm. 2,0 cm; L. 16,0 cm. Taf. 22, 134.

Best. 135 Urne ohne Steinschutz. T. 0,35 m.
D 15 Scherben, glatt, rötlich.

Best. 136 Zerrissene Steinpackung, Kenotaph.
E 23 T. 0,35 m.

Best. 137 Leichenbrandhäufchen ohne Steinschutz.
D 18 T. 0,35 m.

Best. 138 Urne auf Bodenplatte stehend, von Stein-
D 19 schutz umgeben. T. 0,4 m.
Scherben, geraut.

Best. 139 Leichenbrandhäufchen auf Bodenplatte
D 20 liegend, von Steinsetzung umgeben.
T. 0,4 m.

Best. 140 Leichenbrandhäufchen in Steinsetzung.
D 20 T. 0,4 m.
Bronzefragment.

Best. 141 Urne auf Bodenplatte stehend, von Stein-
D 22 schutz umgeben. T. 0,45 m.
Scherben eines hohen Gefäßes, geraut, Halspartie glatt, rotbraun.
Scherben einer Deckschale, eingezogener Rand, glatt.

Best. 142 Urne auf Bodenplatte stehend, mit zwei
D 22 Steinen verkeilt. T. 0,5 m.
Gedrungenes dreigliedriges Gefäß mit gleichmäßig gewölbtem Körper Besenstrichzier, senkrechte Glättstreifen, rötlich.
H. 22,0 cm; Bdm. 8,5 cm; Mdm. 15,2 cm; gr. W. 26,5 cm. Taf. 22, 142.
Deckschale mit gleichmäßig gewölbter Wandung, Omphalos im Boden, abgeschlagener Henkel. H. 8,6 cm; Bdm. 9,0 cm; Mdm. 23,9 cm. Taf. 22, 142.

Best. 143 Urne auf Bodenplatte stehend, T. 0,7 m.
I 8 Großer, zweigliedriger Zweihenkeltopf, glatt, rotbraun. H. 33,7 cm; Bdm. 11,5 cm; Mdm. 16,5 cm; gr. W. 27,7 cm. Taf. 22, 143.

Best. 144 Urne ohne Steinschutz. T. 0,6 m.
I 8 Unterteil eines Gefäßes mit gleichförmig gewölbtem Körper, leicht abgesetzter Standfuß, glatt, rotbraun. Bdm. 8,5 cm. Taf. 22, 144.

Best. 145 Steinsetzung mit Bodenplatte, Kenotaph.
D 19 T. 0,5 m.

Best. 146 Urne ohne Steinschutz. T. 0,5 m.
D 19 Scherben.

Best. 147 Urne auf Bodenplatte stehend. T. 0,5 m.
D 19 Unterteil eines schlanken Gefäßes, abgesetzter Standfuß, geraut, rotbraun.

Best. 148 Urne ohne Steinschutz. T. 0,6 m.
I 8 Scherben einer hohen Urne, glatt, rotbraun.
Deckschale mit konisch aufsteigender Wandung und nach innen gezogenem Rand, Knubben, glatt, schwärzlich. H. 8,2 cm; Bdm. 7,4 cm; Mdm. 22,7 cm; gr. W. 22,8 cm. Taf. 22, 148.
Bruchstück einer gekröpften eisernen Nadel mit Spatenkopf. Taf. 22, 148.

Best. 149 Urne auf Bodenplatte stehend. T. 0,6 m.
I 8 Gefäß mit mehr oder weniger eiförmigem Körper, geraut, durch senkrechte und waagrechte Glättstreifen gegliedert, rötlich.
H. 34,0 cm; Bdm. 12,0 cm; gr. W. 27,5 cm. Taf. 23, 149.
Deckschale mit konisch aufsteigender Wandung, Omphalosboden, glatt, schwarz.
H. 6,5 cm; Bdm. 5,0 cm; Mdm. 21,5 cm. Taf. 23, 149.

Best. 150 Urne ohne Steinschutz. T. 0,6 m.
I 8 Gefäß mit mehr oder weniger eiförmigem Körper, geraut, glatte Halszone, braun. H. 30,4 cm; Bdm. 11,0 cm; Mdm. 14,5 cm; gr. W. 24,0 cm. Taf. 23, 150.
Bruchstücke einer gekröpften eisernen Nadel. Taf. 23, 150.

Best. 151 Urne ohne Steinschutz. T. 0,5 m.
I 8 Scherben eines bauchigen Gefäßes, geraut.

Best. 152 Urne mit einem größeren Stein abgedeckt
H 5 und von zahlreichen kleinen Steinen umgeben. T. 0,5 m.
Hohes dreigliedriges Gefäß mit gleichförmig gewölbtem Körper, geraut, schwarzgrau. H. 25,5 cm; Bdm. 10,8 cm; Mdm. 17,2 cm; gr. W. 25,8 cm. Taf. 23, 152.
Bruchstücke einer eisernen Nadel. L. noch 9,0 cm. Taf. 23, 152.

Best. 153 Urne am Rande einer größeren Steinsetzung.
G 3 T. 0,3 m.
Unterteil einer Urne, glatt, gelbbraun.

Best. 154 Urne ohne Steinschutz. T. 0,4 m.
H 8 Scherben eines zweigliedrigen Gefäßes mit verstärktem Rand, geraut, braun.

Best. 155 Urne ohne Steinschutz. T. 0,5 m.
D 22 Gedrungenes dreigliedriges Gefäß mit gleichmäßig gewölbtem Körper senkrechte und waagrechte Glättstreifen, die in Dellen enden. H. 14,0 cm; Bdm. 8,1 cm; Mdm. 14,1 cm; gr. W. 20,0 cm. Taf. 23, 155.
Deckschale mit konisch aufsteigender Wandung und nach innen gezogenem Rand, glatt, rötlich. H. 9,7 cm; Bdm. 8,0 cm; Mdm. 22,2 cm; gr. W. 22,5 cm. Taf. 23, 155.

Best. 156 Urne auf Bodenplatte stehend, in kleiner
G 8 Steinsetzung. T. 0,5 m.
Unterteil eines hohen Gefäßes, schwach geraut, braunschwarz.

Best. 157 Urne auf Bodenplatte stehend. T. 0,6 m.
F 6 Unterteil eines Gefäßes mit gleichförmig gewölbtem Körper, glatt, braun. Bdm. 11,5 cm. Taf. 23, 157.
Scherben eines Beigefäßes.
Bruchstücke eines eisernen Nadelschaftes. L. noch 8,5 cm. Taf. 23, 157.
Bruchstücke eines bronzenen Segelohringes. Taf. 23, 157.

Best. 158 Urne auf Bodenplatte stehend, dichter Stein-
F 7 schutz. T. 0,5 m.
Hohes zweigliedriges Gefäß mit gleichmäßig gewölbtem Körper, Unterteil schwach geraut, rotbraun. H. 29,5 cm; Bdm. 10,5 cm; Mdm. 15,2 cm; gr. W. 24,0 cm. Taf. 24, 158.
Scherben einer Deckschale, breiter Rand, Omphalosboden, Henkel, glatt.
Kleines Beigefäß mit konisch aufsteigender Wandung. Bdm. 5,6 cm. Taf. 24, 158.
Bruchstückhaft erhaltene Bombenkopfnadel mit großem Kopf. Taf. 24, 158.
4 geschmolzene einfache Segelohrringe und 2 blaue Glasperlen. Taf. 24, 158.

Best. 159 Urne auf einer Bodenplatte stehend.
F 8 T. 0,6 m.
Unterteil eines weitbauchigen Gefäßes, Besenstrichzier, rotbraun.

Best. 160 Urne auf einer Bodenplatte stehend.
F 4 T, 0,6 m.
Doppelkonisches, zweigliedriges Gefäß mit leistenförmig verstärktem Rand, Besenstrichzier, durch Glättstreifen aufgelockert, X-Henkel, Halsriefe, rötlich. H. 24,8 cm; Bdm. 11,8 cm; Mdm. 12,2 cm; gr. W. 25,0 cm. Taf. 23, 160.

Best. 161 Urne in Steinansammlung stehend. Unter
G 3 der Urne Holzkohleanreicherung. T. 0,8 m.
Unterteil eines Gefäßes mit gleichmäßig gewölbtem Körper, grobe Binsenzier, glatte Fußzone. Bdm. 9,2 cm. Taf. 24, 161.

Best. 162 Urne auf Bodenplatte stehend. T. 0,55 m.
F 4 Hohes zweigliedriges Gefäß mit gleichmäßig gerundetem Körper, geraut, braun. H. 32,0 cm; Bdm. 12,0 cm; Mdm. 15,6 cm; gr. W. 25,0 cm. Taf. 24, 162.

Best. 163 Urne durch vier Steine geschützt. T. 0,5 m.
E 8 Einige Scherben, Strichzier, schwarz.

Best. 164 Leichenbrandhäufchen auf Bodenstein
E 8 liegend und mit Steinen abgedeckt. T. 0,6 m.

Best. 165 Urne von zwei Steinen gestützt, am Rande
E 5 einer kreisförmigem Steinsetzung. T. 0,6 m.
Scherben eines Zweihenkeltopfes, glatt, braunschwarz.
Scherben vom Bauch und Hals eines zweiten Gefäßes, geraut.

Best. 166 Leichenbrandhäufchen auf Bodenplatte
C 12 liegend, von Steinsetzung umgeben, T. 0,6 m.
Eiserner Nadelschaft.
Kleines bronzenes Röhrchen.

Best. 167 Urne ohne Steinschutz. T. 0,26 m.
C 10 Scherben, geraut, rotbraun.

Best. 168 Urne von Steinen umgeben. T. 0,5 m.
C 16 Scherben, glatt, rötlich.

Best. 169 Urne von Steinschutz umgeben, T. 0,3 m.
C 14 Scherben, rotbraun.
Gekröpfte eiserne Ringkopfnadel mit kleinem Bronzekopf. L. 10,4 cm. Taf. 24, 169.

Best. 170 Urne auf Bodenplatte stehend, von 3
D 4 Steinen geschützt. T. 0,5 m.
Scherben, geraut, rotbraun.
Geschmolzene Bruchstücke eines einfachen Segelohringes und 2 dunkelblaue Glasperlen. Taf. 24, 170.
Nördlich der Bestattung eine Anhäufung von 29 kleinen, im Feuer des Scheiterhaufens gelegener Steine in 0,5 m Tiefe.

Best. 171 Urne ohne Steinschutz. T. 0,5 m.
D 8 Unterteil eines hohen Gefäßes mit gleichmäßig gewölbter Wandung, glatt, rötlich. Bdm. 11,5 cm. Taf. 24, 171.

Best. 172 Urne auf einer Bodenplatte stehend.
D 5/6 T. 0,4 m.
Scherben eines bauchigen Gefäßes, Glättstreifen, schwärzlich.
Scherben einer Deckschale, glatt, rötlichschwarz.

Best. 173 Urne auf zwei Bodensteinen stehend.
D 8 T. 0,4 m.
Scherben, geraut.

Best. 174 Urne ohne Steinschutz. T. 0,3 m.
B/C 20 Scherben eines bauchigen Gefäßes, schwach geraut, rotbraun.

Best. 175 Urne ohne Steinschutz. T. 0,5 m.
C 21 Hoher dreigliedriger Zweihenkeltopf mit gleichmäßig gewölbtem Körper, glatt, gelblichbraun. H. 30,0 cm; Bdm. 10,0 cm; Mdm. 17,3 cm; gr. W. 23,5 cm. Taf. 24, 175.
Scherben einer Deckschale mit Kragenrand, schwärzlich gelb.
Bruchstück einer gekröpften eisernen Spatenkopfnadel. Taf. 24, 175.

Best. 176 Urne auf Bodenplatte stehend. T. 0,4 m.
C 20 Unterteil eines Gefäßes mit gleichförmig gewölbtem Körper, geraut, rotbraun. Bdm. 12,1 cm. Taf. 25, 176.
Deckschale mit konisch aufsteigender Wandung und nach innen gezogenem Rand, Henkel, braun, glatt, H. 7,6 cm; Bdm. 10,5 cm; Mdm. 21,8 cm; gr. W. 22,2 cm. Taf. 25, 176.

Best. 177 Urne ohne Steinschutz. T. 0,5 m.
C 21 Hohes Gefäß mit mehr oder weniger eiförmigem Körper, geraut, rotbraun. H. 33,0 cm; Bdm. 11,0 cm; Mdm. 14,5 cm; gr. W. 26,8 cm. Taf. 25, 177.

Best. 178 Urne auf Bodenplatte stehend, von Stein-
E 9 schutz umgeben. T. 0,55 m.
Unterteil eines Zweihenkeltopfes, glatt, rotbraun.
Scherben einer Deckschale (?).
Gekröpfte, eiserne Rollenkopfnadel. L. ~3,0 cm. Taf. 25, 178.
Bruchstück eines einfachen bronzenen Segelohrringes. Taf. 25, 178.

Best. 179 Urne auf Bodenplatte stehend, von Stein-
C 16 packung umgeben. T. 0,5 m.
Gedrungenes dreigliedriges Gefäß mit gleichförmig gewölbtem Körper, Henkel schwalbenschwanzförmig endend, Dellenzier, rotbraun. H. 16,3 cm; Bdm. 8,0 cm; Mdm. 13,4 cm; gr. W. 19,2 cm. Taf. 25, 179.
Eiserne Nadelbruchstücke.

Best. 180 Urne auf Bodenplatte stehend. T. 0,5 m.
D 9 Unterteil eines bauchigen Gefäßes, glatt, rotbraun.

Best. 181 Leichenbrandhäufchen auf Bodenplatte
B 5 liegend. T. 0,35 m.
Bronzepartikel.

Best. 182 Urne ohne Steinschutz. T. 0,3 m.
B 12 Scherben, Besenstrichzier, gelbbraun.
Kopfteil einer eisernen Spatenkopfnadel. Taf. 25, 182.
Bronzepartikel.

Best. 183 Urne auf Bodenplatte stehend, von Steinpackung umgeben. T. 0,45 m.
B/C 8
Unterteil eines eiförmigen Gefäßes mit gleichförmig gewölbtem Körper, Zier durch eingeritzte Zickzacklinien. Bdm. 11,6 cm. Taf. 25, 183.

Best. 184 Leichenbrandhäufchen ohne Steinschutz.
B 21 T. 0,5 m.
Bruchstück einer eisernen Nadel. L. noch 5,4 cm. Taf. 25, 184.

Best. 185 Leichenbrandhäufchen mit drei kleinen
B 6 Steinen abgedeckt. T. 0,5 m.
Bruchstücke einer eisernen Nadel. L. noch 7,4 cm. Taf. 25, 185.
Bronzepartikel.

Best. 186 Urne auf drei Bodensteinen stehend.
B 14 T. 0,35 m.
Unterteil eines hartgebrannten Gefäßes, poliert, rötlichschwarz. Bdm. 5,5 cm; gr. W. 20,0 cm. Taf. 25, 186.
Kleine Schale mit konisch aufsteigender Wandung und nach innen gebogenem Rand, glatt, schwarz. H. 4,7 cm; Bdm. 3,5 cm; Mdm. 10,0 cm. Taf. 25, 186.
Eiserner Nadelschaft. L. noch 4,8 cm. Taf. 25, 186.

Best. 187 Urne ohne Steinschutz. L. 0,3 m.
B 19 Unterteil eines hohen Gefäßes, geraut, gelbbraun.

Best. 188 Urne auf Bodenplatte stehend. T. 0,4 m.
B 22 Scherben, glatt, rötlich.

Best. 189 Urne ohne Steinschutz. T. 0,4 m.
B 24/25 Scherben, glatt, rötlich.
Bruchstück einer gekröpften eisernen Rollenkopfnadel. Taf. 25, 189.

Best. 190 Urne ohne Steinschutz. T. 0,3 m.
A 8 Unterteil eines bauchigen Gefäßes, geraut, gelblich.
Bruchstücke einer eisernen Pinzette mit sich allmählich verbreiternden Wangen. Taf. 26, 190.

Best. 191 Urne auf Bodenstein stehend. T. 0,4 m.
A 9 Eingliedriger Zweihenkeltopf, schwach geraut, rotbraun. H. 30,0 cm; Bdm. 12,0 cm; Mm. 13,4 cm; gr. W. 25,0 cm. Taf. 25, 191.
Kleine Schale mit gleichmäßig gewölbter Wandung, schwärzlich. H. 4,5 cm; Bdm. 4,0 cm; Mdm. 10,5 cm. Taf. 25, 191.
Angeschmolzene Bruchstücke einer Bombenkopfnadel mit eisernem Schaft, Dm. 4,0 cm. Taf. 25, 191.
4 verzierte und ein unverzierter Segelohrring von unterschiedlicher Größe, angeschmolzen. Taf. 25, 191.
2 dunkelblaue Glasperlen, eine mit Resten des Segelohrringes. Taf. 25, 191.

Best. 192 Urne auf Bodenstein stehend. T. 0,35 m.
A 12 Unterteil eines Gefäßes, Besenstrichzier, geraut.

Best. 193 Urne ohne Steinschutz. T. 0,3 m.
A 11 Scherben, geraut, glatter Hals, braun.

Best. 194 Leichenbrandhäufchen ohne Steinschutz.
A 15 T. 0,3 m.

Best. 195 Leichenbrandhäufchen ohne Steinschutz.
A 17 T. 0,35 m.
Bruchstücke einer eisernen Nadel.
Bruchstücke von vier einfachen Segelohrringen. Taf. 26, 195.

Best. 196 Urne auf Bodenplatte stehend. T. 0,55 m.
A 20 Unterteil eines schlanken Gefäßes mit gleichförmig gewölbtem Körper, geraut, rotbraun. Bdm. 10,5 cm; gr. W. 22,0 cm. Taf. 26, 196.

Best. 197 Leichenbrandhäufchen in Höhlung des Bo-
A 14 densteines liegend. T. 0,3 m

Best. 198 Leichenbrandhäufchen ohne Steinschutz.
A 18 T. 0,3 m.

Best. 199 Leichenbrandhäufchen ohne Steinschutz.
A 18/19 T. 0,3 m.

Best. 200 Leichenbrandhäufchen auf Bodenplatte
A 20 liegend. T. 0,4 m.
Bronzepartikel.

Best. 201 Konzentration von Holzkohle und Leichen-
N 23 brand. T. 0,4 m.

Best. 202 Urne innerhalb einer nahezu kreisförmigen
E 7 Steinsetzung. T. 0,6 m.
Gedrungener, zweihenkliger Topf mit scharf abgesetztem Rand, geraut. H. 20,0 cm; Bdm. ~ 12,2 cm; Mdm. 18,0 cm; gr. W. 24,8 cm. Taf. 26, 202.

Best. 203 Urne ohne Steinschutz. T 0,4 m.
C 18 Scherben.

Best. 204 Urne ohne Steinschutz, in Erdverfärbung.
C 17 T. 0,4 m.
Scherben.
Best. 205 Urne ohne Steinschutz. T. 0,4 m.
A 17/18 Scherben.

Best. 206 Urne ohne Steinschutz. T. 0,5 m.
N 6 Unterteil eines hohen Gefäßes, geraut, rotbraun.

Best. 207 Urne ohne Steinschutz. T. 0,4 m.
J 12 Unterteil eines Zweihenkeltopfes, glatte Fußzone, darüber schwach geraut.

Best. 208 Urne ohne Steinschutz. T. 0,4 m.
H 6/7 Scherben, glatt.

Bemerkenswerte Streufunde:

A. In Urne Nr. 20 fanden sich zwei Scherben eines weitmundigen Topfes (Mdm. ~26,0 cm) mit gewelltem Rand. Taf. 26, A.

B. Im Bereich B: Zwei Scherben von der Schulter einer Tasse mit Sparren und Punktmuster. Taf. 26, B.

C. Bei Fundstelle C: Bruchstück eines imitierten Wendelringes. Taf. 26, C. Weitere Teile dieses Wendelringes wurden bei Fundstelle D aufgehoben bzw. stammen aus einer Aufsammlung (F) von H. Borkowski (Slg. im Museum für das Fürstentum Lüneburg).

D. Bei Fundstelle D: Bruchstück eines verzierten bronzenen Wendelringes. Taf. 26, D.

E. An zwei verschiedenen Stellen des Friedhofes (bei Urne 103 und Urne 175) wurden die Scherben eines gedrungenen, zweigliedrigen Gefäßes mit flaschenförmigem Hals aufgesammelt. Die Schulter des ansonsten glatten Gefäßes ist mit Rauungsflachen und Punktgruppen verziert, rotbraun. H. 20,5 cm; Mdm. 12,0 cm; gr. W. 22,5 cm. Taf. 26, E.

F. Bruchstück eines Wendelringes mit abgeplattetem verzierten Ende (Museum f. Fstm. Lüneburg; ehem. Slg. Borkowski). Taf. 26, F.

G. Bruchstück eines unechten Wendelringes (Museum f. Fstm. Lüneburg; ehem. Slg. Borkowski). Taf. 26, G.

Grube im nordwestlichen Teil des Gräberfeldes:

In einer Tiefe von 0,4 m wurde eine nahezu rechteckige Grube von 1:1,3 bezw. 0,95 m in NW-SO-Ausrichtung angetroffen. Sie war von einem kohlig-schwarzen Randstreifen eingefaßt. Nach unten zu verjüngte sich die Grube, so dass sie in 0,65 m Tiefe nur noch 1,1:0,7 m maß. Sie endete bei 0,93 m Tiefe. Der Grubeninhalt bestand aus Leichenbrandstücken, gerauten rotbraunen Scherben, Scherben einer Schale mit eingezogenem Rand und Schlacke.

B. Fundkatalog der Bestattungen in dem auf der Rehlingen Gemarkung gelegenen Friedhofsteil

Franz Krüger untersuchte im April 1922 insgesamt drei kleinere Flächen, die etwa 25,0 m voneinander entfernt lagen, nämlich die Flächen A, B und C.

Fläche A

Best. A 1 Es handelt sich hier um eine Doppelbestattung, jeweils unter flachen Steinen:

Best. A 1a Unter einem Stein Leichenbrand, der mit einer Schale abgedeckt war.
Dünnwandige Deckschale mit gerundeter Wandung, zur Mündung hin schwach einziehend, abgesetzter Standboden.
H. 6,0 cm; Bdm. 4,0 cm: Mdm. 11,6 cm; gr. W. 12,2 cm. Taf. 27, A 1.

Best. A 1b Unter einem flachen Stein Urne auf einem Standstein. T. 0,65 m. Die Urne war mit weiteren Steinen abgedeckt. Das Beigefäß war kopfüber die Deckschale gestülpt.
Eingliedriger Zweihenkeltopf, geglättet, rötlichgelb. H. 22,6 cm; Bdm. 12,0 cm; Mdm. 17,4 cm; gr. W. 22,0 cm. Taf. 27, A 1.
Deckschale, Wandung eingezogen, geglättet. H. 9,0 cm; Bdm. 6,2 cm; Mdm. 18,4 cm. Taf. 27, A 1.
Tasse, Hals vom Körper abgesetzt, Henkel abgebrochen, unterhalb des Henkels halbmondförmiger Wulst, Omphalosboden, geglättet, grauschwarz. H. 15,4 cm; Bdm. 4,2 cm; Mdm. 11,4 cm; gr. W. 17,0 cm. Taf. 27, A 1.

Best. A 2 Unter einem 10 cm dicken, fast quadratischen Stein (0,45 : 0,42 m) fand sich eine Urne mit zerdrückter Deckschale.
Zweigliedriger Zweihenkeltopf, Rand verstärkt, geraut, glatter Halsbereich, rötlichgelb. H. 27,0 cm; Bdm. 14,0 cm; Mdm. 15,5 cm; gr. W. 25,4 cm. Taf. 27, A 2.
Deckschale, flach gewölbt, Henkel. H. ~ 9,0 cm; Mdm. ~ 25,4 cm. Taf. 27, A 2.
Scherben eines Beigefäßes.
Bronzespuren am Leichenbrand.

Best. A 3 Urne von Steinen umpackt („Raubgrabung").
Scherben einer tonnenförmigen, hochhalsigen Urne.
Bruchstück einer gekröpften eisernen Nadel.

Fläche B

Best. B 1 Tonnenförmige Urne („Raubgrabung").

Best. B 2 Zweihenkeltopf

Best. B 3 Unter einem 10 cm dicken Deckstein (0,6:0,42 m) eine mit Steinen umpackte Urne auf einem Standstein.
Zweihenkeltopf, abgebrochene Henkel, zerfallen. Mdm. 26,0 cm.
Flache Deckschale mit eingezogenem Rand, Omphalosboden. Bdm. 4,0 cm.
Gekröpfte Nadel aus Eisen mit kleinem bronzenem Kugelkopf. L. 13,5 cm. Taf. 27, B 3.

Best. B 4 Deckstein seitlich neben einer Urne ohne Steinschutz.
Tonnenförmige Urne, gerauht, glatte Halszone.
Eiserner Gürtelhaken mit aufgenieteter Halbkugel aus Bronze. L. 6,5 cm. Taf. 27, B 4.
Mehrere zerbrochene Segelohrringe. Taf. 27, B 4.

Best. B 5 In 0,4 m Tiefe zwischen flachen, aufrecht gestellten Steinen Scherben und Leichenbrand.

Best. B 6 Unter einem 10 cm dicken quadratischen Feldstein (0,36:0,35 m) ein unregelmäßiger Steinmantel.
Scherben.

Best. B 7 Unter einem Deckstein und auf zwei kleinen Steinen stehend eine Urne.
Bauchige Urne, gerauht, mit niedrigem Hals, geglättet.
Flache Deckschale mit nach innen gebogenem Rand.

Best. B 8 Urne frei im Sand stehend. Schalenförmiges Gefäß in die Urne eingesenkt.
Zweihenkeltopf, Hals beschädigt, gerauter Gefäßkörper. H. 27,0cm; Bdm. 10,2 cm; Mdm. 18,0 cm; gr. W. 23,0 cm. Taf. 27, B 8.
Schalenförmige Deckschale, geglättet. H. 12,0 cm; Bdm. 9,0 cm; Mdm. 19,6 cm; gr. W. 16,2 cm. Taf. 27, B 8.

Best. B 9 Unter einem flachen Deckstein von 9 cm Dicke und quadratischer Form (0,30:0,35 m) ein Häufchen Leichenbrand.
Eisernes Bruchstück.

Best. B 10 Flacher rundlicher Deckstein (0,45:0,45 m), darunter weitere Steine und Leichenbrand, der mit einer Schale abgedeckt war.
Flache Schale, eingebogener Rand, geglättet. Mdm. 28,0 cm.

Best. B 11 Unter flachem Deckstein (0,55:0,45 m) eine von Steinen umgebene Urne.
Bauchige Urne, geraut, rötlich, Halszone, schwärzlich, geglättet, am Halsansatz umlaufende Leiste mit Fingereindrücken.
H. 30,0 cm; Bdm. 15,0 cm; Mdm. 15,2 cm; gr. W. 30,0 cm. Taf. 27, B 11.
Eiserne Pinzette. L. 14,8 cm. Taf. 27, B 11.

Fläche C

Steinpackung. L. 1,2 m; Br. 0,8 m.

Weitere Urnen sollen schon vor der Ausgrabung von Krüger gefunden worden sein (Krüger 1935, 85).

1937 wurden dem Museum für das Fürstentum Lüneburg zwei Urnen übergeben, die aus dem Bereich der Grabung Krügers von 1922 stammen sollen. Möglicherweise handelt es sich dabei um die bei der Raubgrabung, die der Anlaß für die Untersuchung Krügers war, geborgenen Fundstücke. Beide Urnen sind heute nicht mehr vorhanden.

„Halsteil eines bauchigen Gefäßes mit Ansatz eines abgebrochenen Henkels (Zweihenkeltopf), gelb" (Lüneburg, Mus. 64:37).
Teile eines Zweihenkeltopfes, Henkel angebrochen, rotbraun (Lüneburg, Mus. 65:37).

4. Literatur

EGER, C. 1999: Die jüngere vorrömische Eisen- und römische Kaiserzeit im Luhetal (Lüneburger Heide). Rhaden/Westfalen 1999.

FUHSE, F. 1917: Gräberfelder der ältesten Eisenzeit aus der Gegend von Braunschweig. Mannus 8, 1917, 134-210.

GEHRKE, D. 1997: Ein Gruß aus der Vorzeit. Alte und neue archäologische Funde aus dem Landkreis Lüneburg. Museum für das Fürstentum Lüneburg 1997.

HÄSSLER, H.-J. 1976: Ein Urnenfriedhof der vorrömischen Eisenzeit bei Soderstorf, Kreis Lüneburg in Niedersachsen. Hildesheim 1976.

HÄSSLER, H.-J. 1977: Zur inneren Gliederung und Verbreitung der vorrömischen Eisenzeit im südlichen Niederelbegebiet. Hildesheim 1977.

HARCK, O. 1972: Nordostniedersachsen vom Beginn der jüngeren Bronzezeit bis zum frühen Mittelalter. Hildesheim 1972.

HARCK, O. 1978: Das Gräberfeld auf dem Heidberg bei Billerbeck, Kreis Lüchow-Dannenberg. Hildesheim 1978.

HINGST, H. 1959: Vorgeschichte des Kreises Stormarn. Neumünster 1959.

HOFFMANN, H. 1938: Die Gräber der jüngeren Bronzezeit in Holstein. Neumünster 1938.

KEILING, H. 1969: Die vorrömische Eisenzeit im Elde-Karthane-Gebiet (Kreis Perleberg und Kreis Ludwigslust). Schwerin 1969.

KÖRNER, G. 1938: Ein Einzelgrab bei Amelinghausen, Kr. Lüneburg, mit Nachbestattungen der Stufe von Wessenstedt. Nachrichten aus Niedersachsens Urgeschichte 12, 1938, 52-62.

KÖRNER, G./LAUX, F. 1971: Vorgeschichte im Landkreis Lüneburg. Lüneburg 1971.

KRÜGER, F. 1924: Das Gräberfeld von Dehnsen. Prähistorische Zeitschrift 15, 1924, 61-73.

KRÜGER, F. 1926: Gräber von Rehlingen, Kr. Lüneburg. Nachrichten aus Niedersachsens Urgeschichte N.F. 3, 1926, 77-85.

KRÜGER, H. 1961: Die Jastorfkultur in den Kreisen Lüchow-Dannenberg, Lüneburg, Uelzen und Soltau. Neumünster 1961.

LAUX, F. 1977: Das Hügelgräberfeld bei Deutsch Evern. Lüneburger Blätter 23, 1977, 77-100.

Laux, F. 1998: Zur Besiedlung des Bardengaues in den Jahrhunderten um Christi Geburt und die Langobarden. Eine Betrachtung zum Problem der Siedlungskontinuität. Die Kunde N.F. 49, 1998, 143-164.

LAUX, F. 2005: Die Urnenfriedhöfe von Drögennindorf, Gem. Betzendorf, und Amelinghausen-Sottorf im Landkreis Lüneburg. Oldenburg 2005.

LAUX, F. 2009: Zur Problematik des Überganges von der Endbronzezeit/frühen Eisenzeit (Wessenstedt) zur älteren vorrömischen Eisenzeit (Jastorf) im Lüneburgischen. Freie Lauenburgische Akademie für Wissenschaft und Kultur. Beiträge für Wissenschaft und Kultur 9, 2009, 69-107.

LIENAU, M. M. 1911: Grabhügel mit Eisenfunden bei Deutsch-Evern, Landkreis Lüneburg, in: G. SCHWANTES, Die ältesten Urnenfriedhöfe bei Uelzen und Lüneburg. Hannover 1911, 35-52.

MENKE, M. 1972: Die jüngere Bronzezeit in Holstein. Topographisch – chronologische Studien. Neumünster 1972.

MEYER, H. 1897: Hügelgräber auf dem Brommbarge in der Heide des Hofbesitzers Gross-Hahn, Wessenstedt, Kreis Uelzen, Hannover. Nachrichten über deutsche Alterthumsfunde 8, 1897, 17-32.

MÜLLER, J./REIMERS, J. 1893: Vor- und frühgeschichtliche Alterthümer der Provinz Hannover. Hannover 1893.

REINBACHER, E. 1963: Börnicke, ein ältereisenzeitlicher Urnenfriedhof im Havelland, Teil I. Berlin 1963.

SCHWANTES, G. 1909: Die Gräber der ältesten Eisenzeit im östlichen Hannover. Prähistorische Zeitschrift 1, 1909, 140-162.

SCHWANTES, G. 1911: Die ältesten Urnenfriedhöfe bei Uelzen und Lüneburg. Hannover 1911.

SCHWANTES, G. 1935: Die Hausurne von Seedorf und ihre Zeit. Altonaische Zeitschrift 4, 1935, 31-49.

SCHWANTES, G. 1955: Jastorf und Latène. Kölner Jahrbuch für Vor- und Frühgeschichte 1, 1955, 75-112.

SCHWANTES, G. 1958: Die Hintergründe der Jastorf-Störung. Die Heimat 65, 1958, 137-140.

SEYER, H. 1982: Siedlung und archäologische Kultur der Germanen im Havel-Spree-Gebiet in den Jahrhunderten vor Beginn u. Z.. Berlin 1982.

SPROCKHOFF, E. 1932: Niedersächsische Depotfunde der jüngeren Bronzezeit. Hildesheim und Leipzig 1932.

TACKENBERG, K. 1934: Die Kultur der frühen Eisenzeit (750 vor Christi Geburt bis Christi Geburt) in Mittel- und Westhannover. Hildesheim und Leipzig 1934.

TEMPEL, W.-D. 1997: Halsringfunde der vorrömischen Eisenzeit im Landkreis Rotenburg. Archäologische Berichte des Landkreises Rotenburg (Wümme) 4, 1997, 77-104.

WEGEWITZ, W. 1937: Die langobardische Kultur im Gau Moswidi (Niederelbe) zu Beginn unserer Zeitrechnung. Hildesheim und Leipzig 1937.

WEGEWITZ, W. 1949: Die Gräber der Stein- und Bronzezeit im Gebiet der Niederelbe. Hildesheim 1949.

WEGEWITZ, W. 1961: Die Urnenfriedhöfe von Dohren und Daensen im Kreise Harburg. Hildesheim 1961.

WEGEWITZ, W. 1962: Der Urnenfriedhof von Ehestorf-Vahrendorf im Kreise Harburg aus der vorrömischen Eisen- und der älteren römischen Kaiserzeit. Hildesheim 1962.

WEGEWITZ, W. 1964: Der Urnenfriedhof von Hamburg-Marmstorf. Hildesheim 1964.

WEGEWITZ, W. 1973: Der Urnenfriedhof der älteren und jüngeren vorrömischen Eisenzeit von Putensen, Kreis Harburg. Hildesheim 1973.

WEGEWITZ, W. 1977: Die Urnenfriedhöfe der jüngeren Bronzezeit-, der frühen und vorrömischen Eisenzeit im Kreis Harburg. Hildesheim 1977.

WENDORFF, C. 1983: Gräberfelder der ausgehenden Bronze- und älteren vorrömischen Eisenzeit im nordwestlichen Harzvorland. Neue Ausgrabungen und Forschungen in Niedersachsen 16, 1983, 215-327.

	Gliedrigkeit der Urnen	Pinzette	Rasiermesser	gekröpfte Nadel	Sonstiges
Soderstorf 77	1	•	•		
Soderstorf 181	1	•		•	
Soderstorf 187	1	•		Rollenkopfnadel	Eisenring
Soderstorf 192	1	•		Ringkopfnadel	
Soderstorf 102	2	•	•	•	
Soderstorf 105	2	•	•		Schleifstein
Soderstorf 287	2	•		Ringkopfnadel	
Putensen 60	2	•		•	
Putensen 268	2	•			
Ehlbeck 6	2	•	•	Stabkopfnadel	
Ehlbeck 30	2	•	•	•	
Rehlingen B 11	2				
Ehlbeck 40	?	•		Stabkopfnadel	
Ehlbeck 58	?	•		•	
Ehlbeck 62	?	•	•	Ringkopfnadel	
Ehlbeck 195	?	•			

Tabelle 1 Gräber der Jastorf-Kultur aus dem oberen Luhe-Bereich, die auf Grund ihrer Beigaben Männern zugewiesen werden können. Verteilung nach der Gliedrigkeit der Urnen.

	Gliedrigkeit der Urnen / Leichenbrandlager	geknickte Spiralohrringe	gestreckte Nadeln mit kleinem Bombenkopf	Zungengürtelhaken versch. Varianten	gekröpfte Rollenkopfnadeln	Frühe Fibeln	Segelohrringe	Öhrnadeln	Glasperlen	Bombenkopfnadeln mit großem Kopf	Nadeln mit senkrechter Kopfscheibe	Gürtelringe	Dreieckiger Gürtelhaken	Flügelnadelfibel	Ringkopfnadel	Haftarmgürtelhaken	Verschiedenes
Ehlbeck 129	?	•	•														
Ehlbeck 125	?	•	o														
Soderstorf 57	2	•															Kettenteile
Soderstorf 80	1	•	o	•													Fingerschmuck
Soderstorf 71	1	•		•													
Putensen 118	1		•	•													
Soderstorf 81	2		•	•													
Soderstorf 266	2		•	•													
Putensen 116	2		•	•													
Soderstorf 31	1		o	•													
Putensen 195	1	•			•												
Eyendorf 14	?					•	•										
Soderstorf 195	1					•	•										
Ehlbeck 37	?		o	•			•										
Ehlbeck 130	?			•			•										
Soderstorf 32	1			•			•										
Rehlingen B4	1			•			•										
Putensen 35	2			•			•										
Ehlbeck 178	?				•		•										
Ehlbeck 208	2				•		•										
Soderstorf 13	2			•			•	•									
Soderstorf 14	2						•	•									Fingerschmuck
Soderstorf 42	1						•	•									
Putensen 472	2			•			•		•	•							
Ehlbeck 158	2						•		•	•							
Ehlbeck 191	1						•		•	•							
Putensen 48	L						•		•	•							
Putensen 427	L			•			•										
Soderstorf 243	L			•			•										
Soderstorf 206	2+		o				•										
Soderstorf 23	2+			•	•		•										
Soderstorf 41	3								•	•							Drahtohrring
Soderstorf 43	3						•			•							
Eyendorf 2	3						•	•		•							
Putensen 2	L			•							•						
Ehlbeck 104	?			•			•					•					
Putensen 105	L										•		•				
Putensen 126	L						•				•		•				
Putensen 15	L											•	•				
Soderstorf 62	3											•	•	•			
Putensen 368	L												•		•		
Soderstorf 19	L											•				•	

Tabelle 2 Gräber der Jastorf-Kultur aus dem oberen Luhe-Bereich, die an Hand von mindestens 2 verschiedenen Grabbeigaben der Schmucktracht Frauen zugewiesen werden können. Verteilung nach der Gliedrigkeit der Urnen.

Wessenstedt	Jastorf
Flache kleine Grabhügel, selten Flachgräber, Nachbestattungen in bronzezeitlichen Grabhügeln	Urnenfriedhöfe, vereinzelt auch Nachbestattungen in bronzezeitlichen Grabhügeln
Meist 30 - 50 Bestattungen, im Höchstfall etwa 100	Große Urnenfriedhöfe mit jeweils mehreren Hundert Bestattungen
Urnen in Steinkisten, Urnen ohne Schutz auf der Hügelgrundfläche, häufiger mehrere Urnen zusammenstehend auf der Hügelgrundfläche	Oberirdische Grabmarkierungen: Steinpflaster, Steinkreise, Abdeckungen mit flachen Steinen
Geschlechtliche Differenzierung nur mit Hilfe einer Leichenbrandanalyse	Auf dem Friedhof getrennte Areale für die Bestattungen von Männern und Frauen
Nur wenige Grabbeigaben: Nadeln, Gürtelringe und in der Spätphase auch Rasiermesser	Zahlreiche Grabbeigaben: Toilettegerät für Männer, Schmuck für Frauen

Tabelle 3 Gegenüberstellung von den jeweils kennzeichnenden Unterschieden auf den früheisenzeitlichen Wessenstedt- und ältereisenzeitlichen Jastorf-Friedhöfen in der Lüneburger Heide.

Tafeln

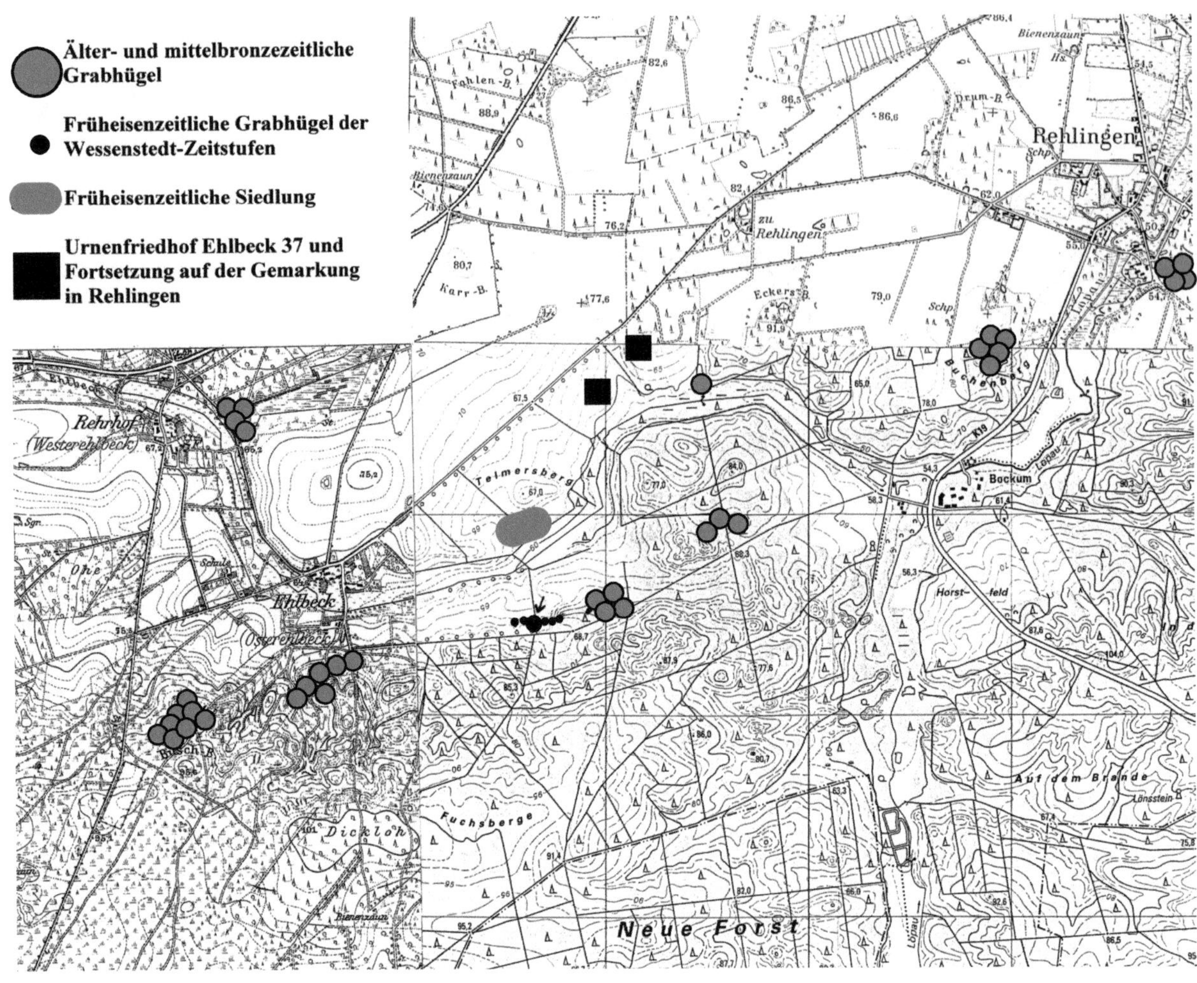

Taf. 1: Lageplan der vorgeschichtlichen Denkmäler in den Gemarkungen von Ehlbeck und Rehlingen, Ldkr. Lüneburg. Ausschnitt aus den topographischen Karten 1:25 000 (2826 Egestorf; 2827 Amelinghausen; 2926 Munster Nord; 2927 Wriedel).

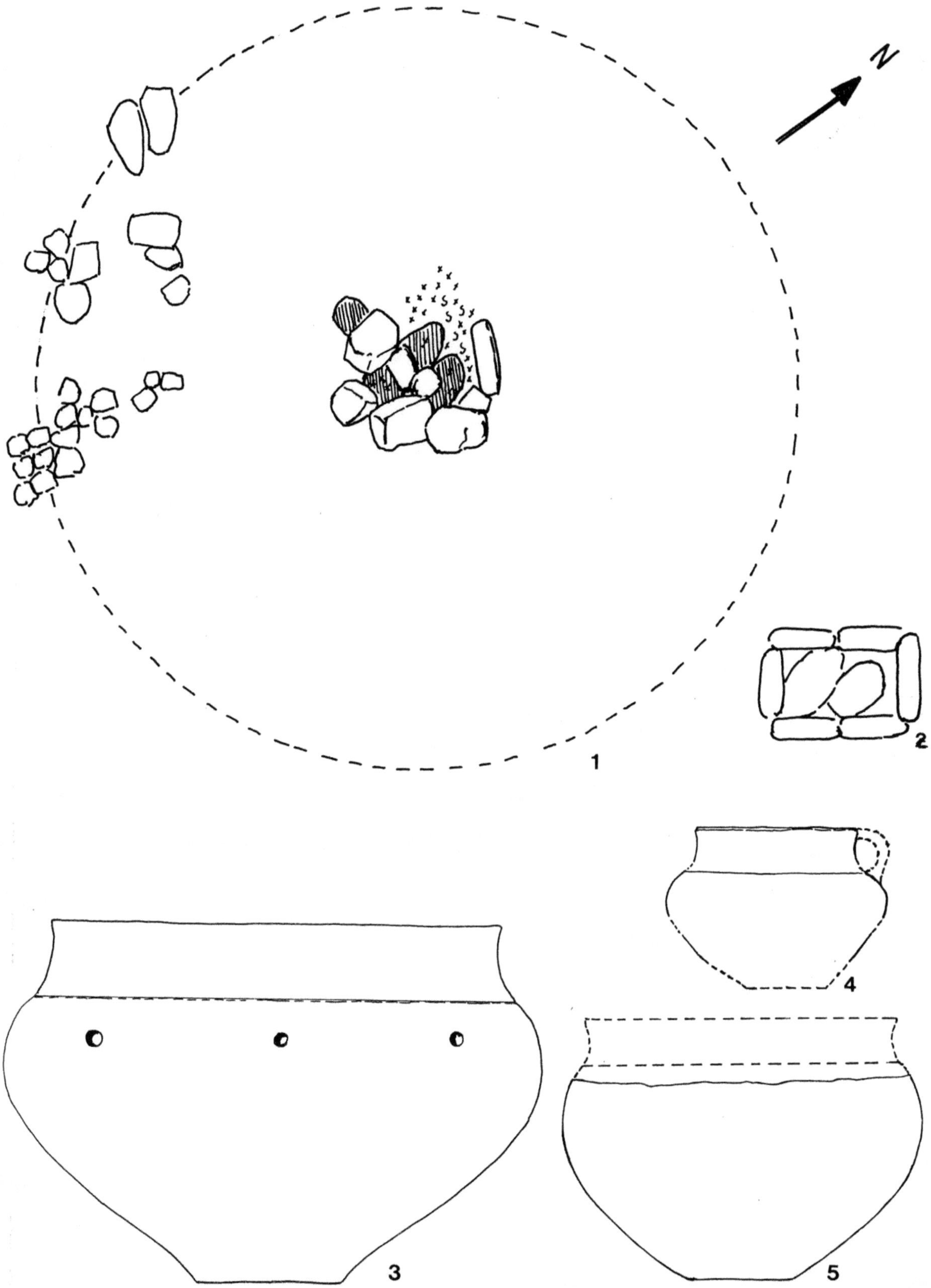

Taf. 2: Früheisenzeitlicher Grabhügel bei Ehlbeck, Ldkr. Lüneburg. 1 Ausgrabungsbefund M. 1:50; 2 Rekonstruktion der Grabkammer M. 1:50; 3 - 5 Aus Scherben rekonstruierte Urnen und Beigefäß M. 1:4.

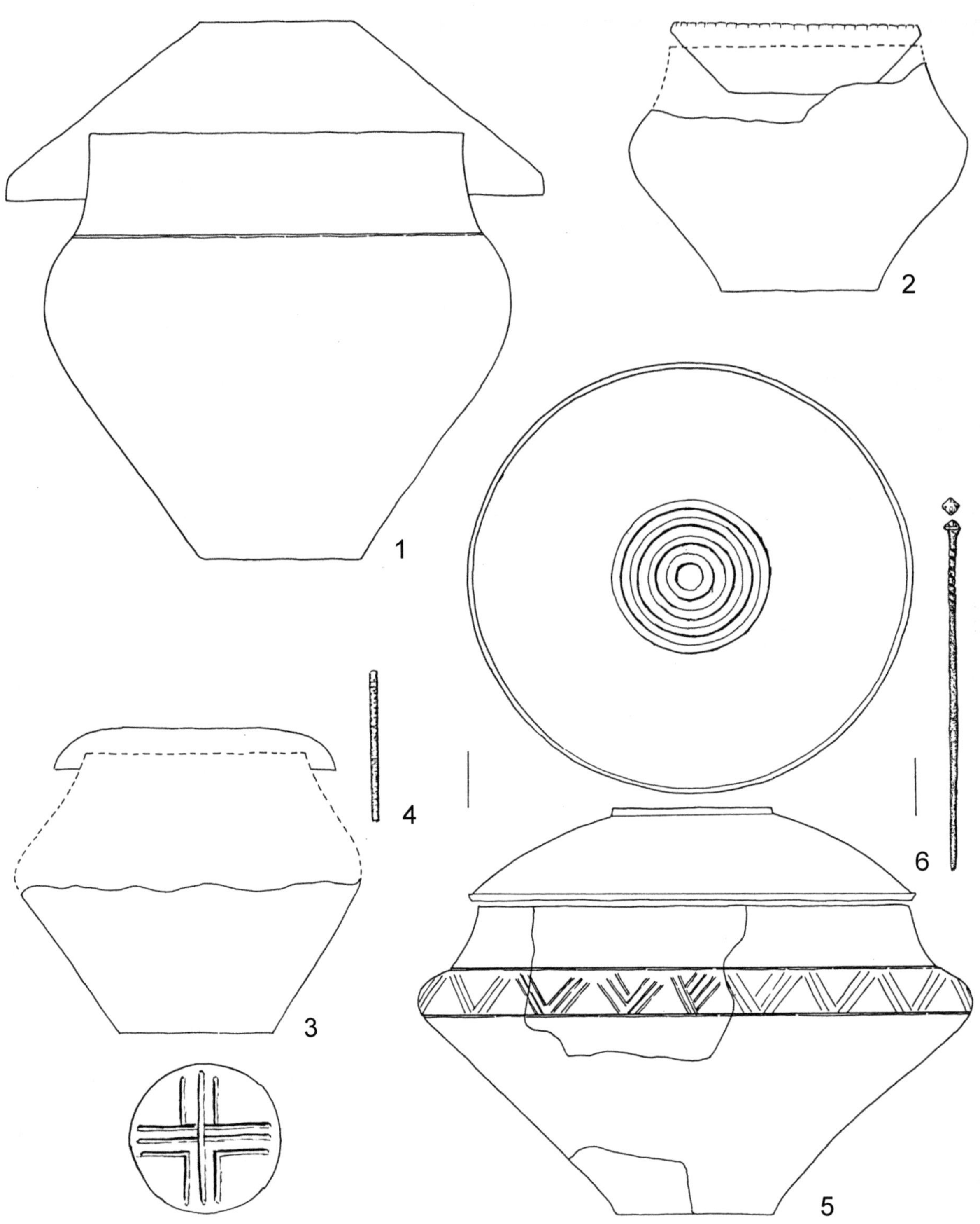

Taf. 3: Urnen und Beigaben aus Grabhügeln bei Dehnsen, Gem. Amelinghausen, Ldkr. Lüneburg. 1 Hügel 6/I; 2 Hügel 9/G; 3 – 4 Hügel 6/III; 5 – 6 Hügel 9/D. Keramik M. 1:4; Beigaben M. 1:2. Umzeichnungen nach KRÜGER 1924.

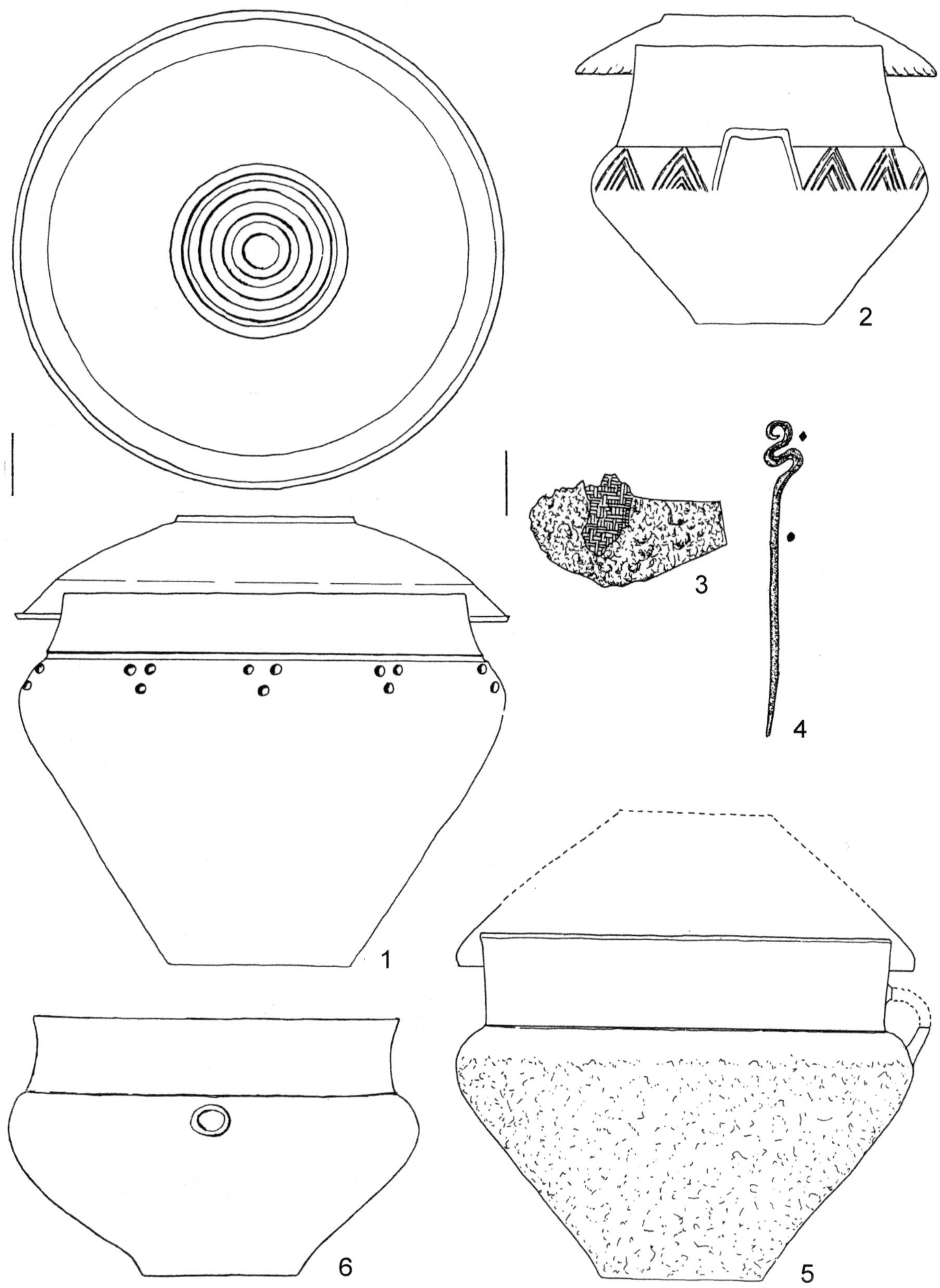

Taf. 4: Urnen und Beigaben aus Grabhügeln bei Dehnsen, Gem. Amelinghausen, Ldkr. Lüneburg. 1. 3 – 4 Hügel 9/C; 2 Hügel 9/F; 5 Hügel 9/B; 6 Soderstorf-Thansen, Ldkr. Lüneburg. Keramik M. 1:4; Beigaben M. 1:2. Umzeichnungen nach KRÜGER 1924 (1-5) und WEGEWITZ 1977(6).

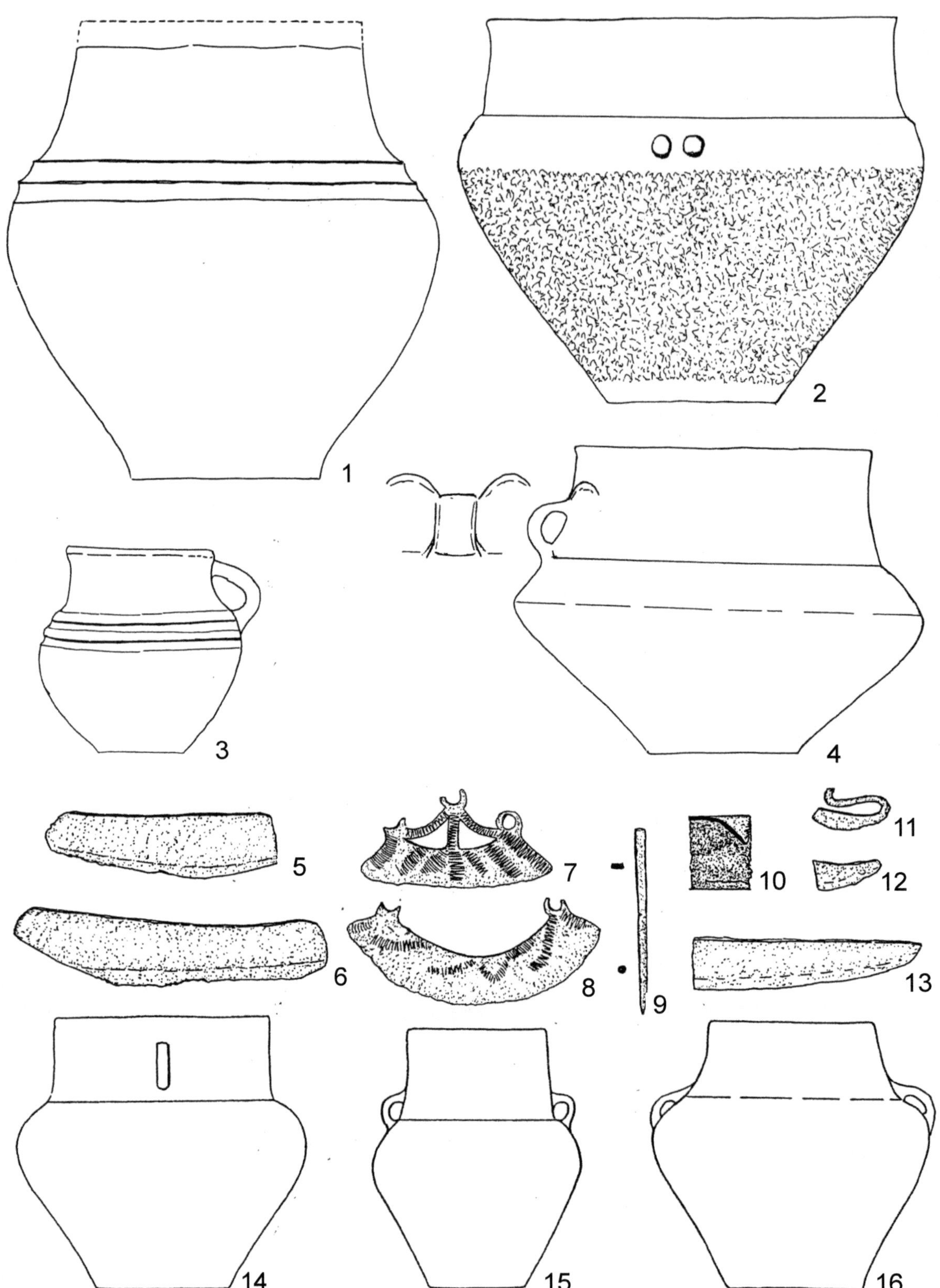

Taf. 5: Urnen und Beigaben aus Grabhügeln bei Soderstorf-Thansen, Ldkr. Lüneburg. 1 u. 3 Grabhügel I von 1936; 2 u. 4 Grabhügel II von 1936; 5 – 16 Oelstorf, Gem. Salzhausen, Ldkr. Harburg. Keramik 1:4; Beigaben M. 1:2. Umzeichnungen nach WEGEWITZ 1977 (1-4) und LAUX 2009 (5 - 16).

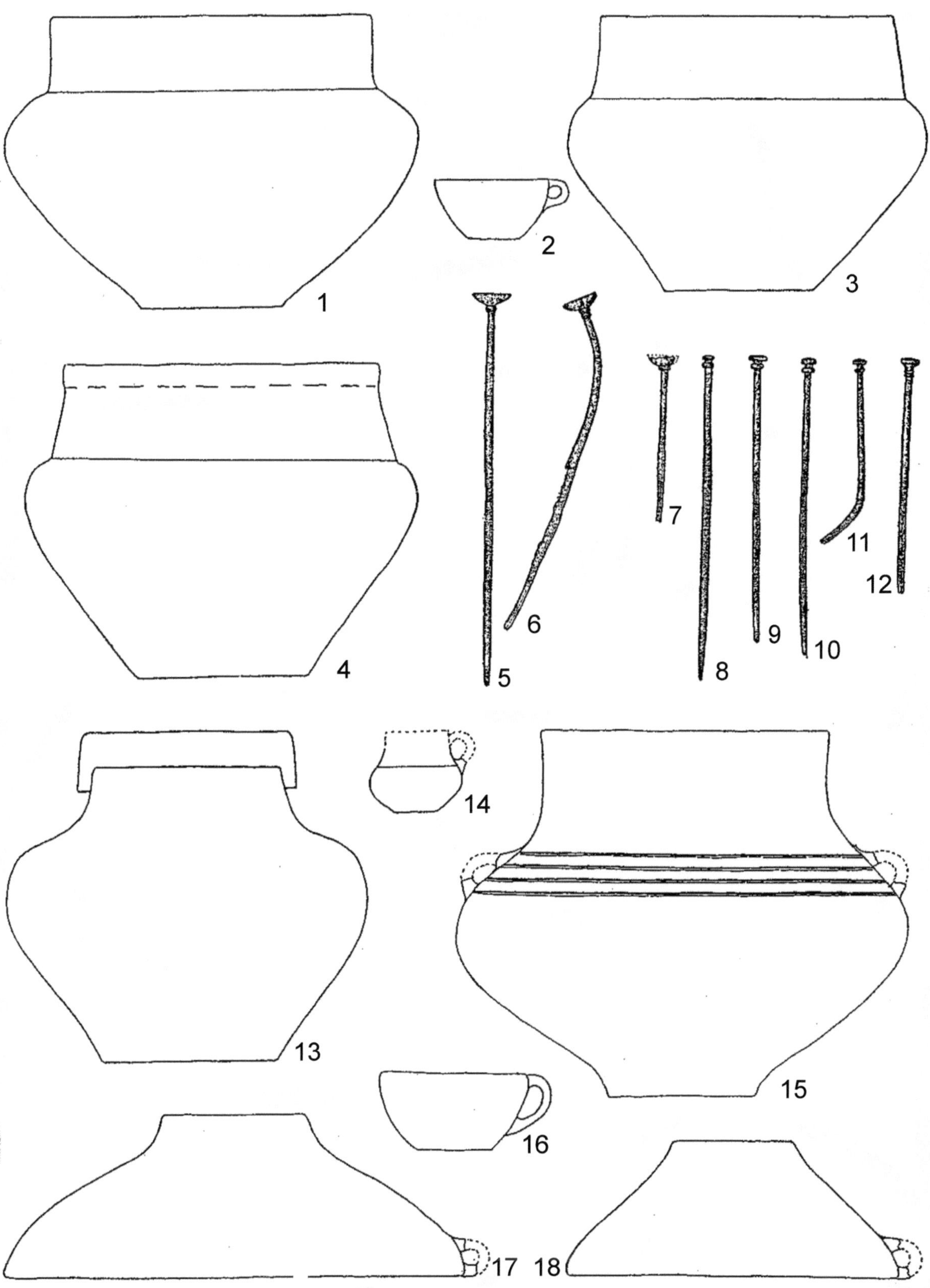

Taf. 6: Urnen und Beigaben aus Grabhügeln bei Oelstorf, Gem. Salzhausen, Ldkr. Harburg. Keramik M. 1:4; Beigaben M. 1:2. Umzeichnungen nach LAUX 2009.

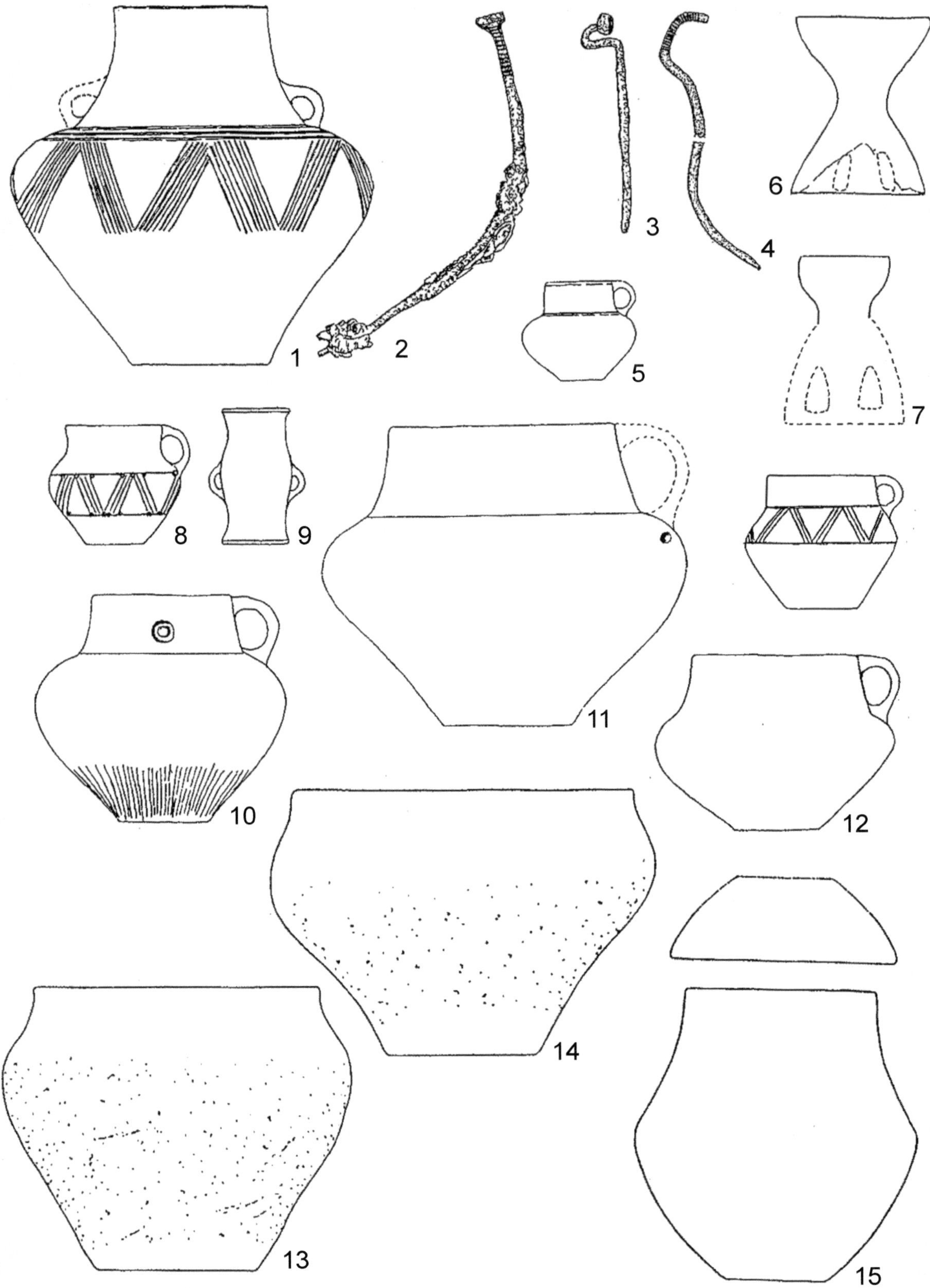

Taf. 7: Urnen und Beigaben aus Grabhügeln bei Oelstorf, Gem. Salzhausen, Ldkr. Harburg. (1 - 12); 13 - 15 Drögennindorf, Gem. Betzendorf, Ldkr. Lüneburg. Keramik M. 1:4; Beigaben M. 1:2. Umzeichnungen nach LAUX 2009 (1 - 12).

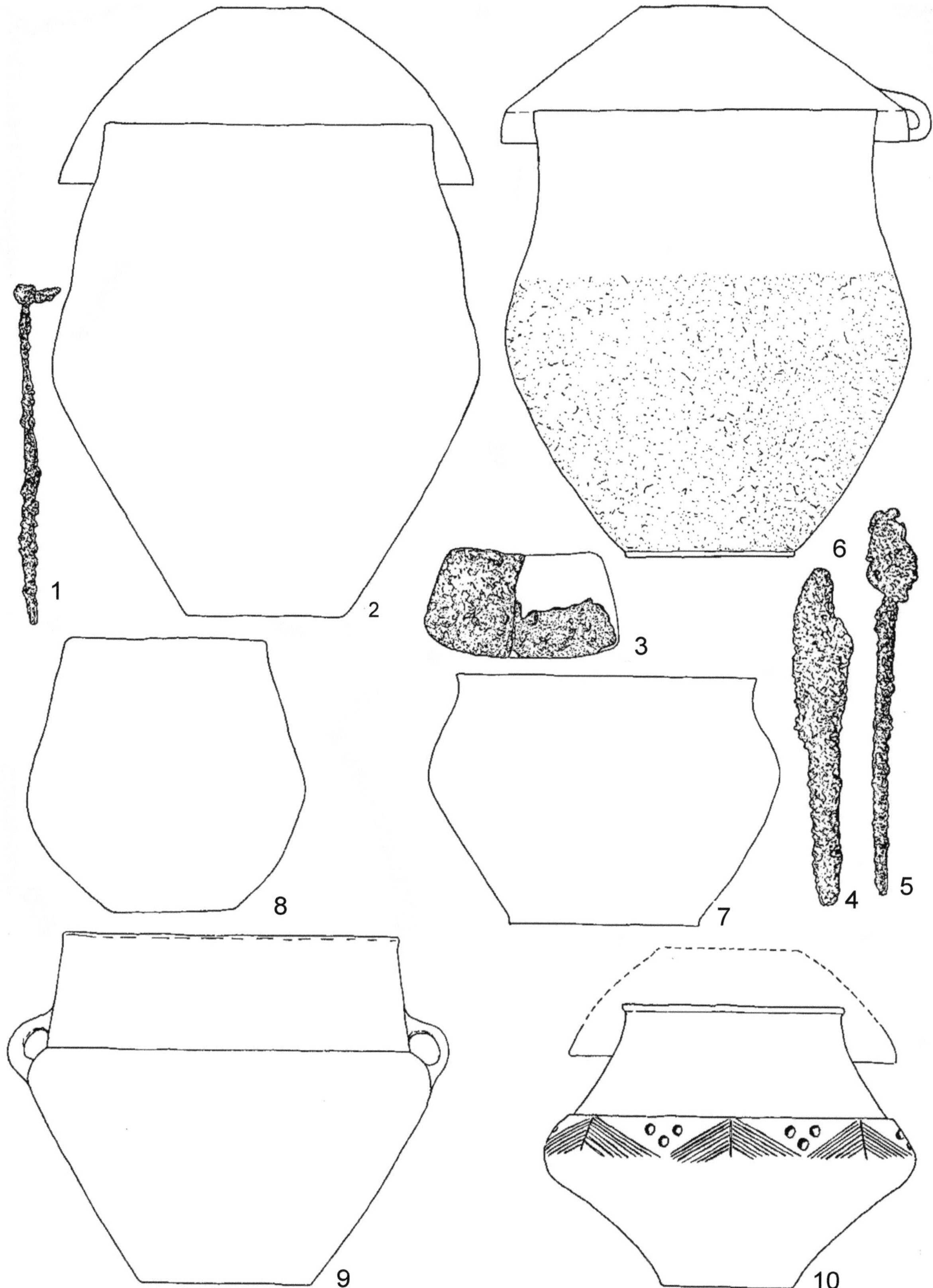

Taf. 8: 1 - 7 Urnen und Beigaben aus einem Grabhügel auf dem „Haselhop" bei Amelinghausen, Ldkr. Lüneburg; 8 Raven, Gem. Soderstorf, Ldkr. Lüneburg; 9 Rehlingen, Ldkr.Lüneburg; 10 Sottorf, Gem. Amelinghausen, Ldkr. Lüneburg („Steingrab"). Keramik M. 1:4; Beigaben M. 1:2. Umzeichnungen nach KÖRNER 1938 (1-7) u. WEGEWITZ 1977 (8).

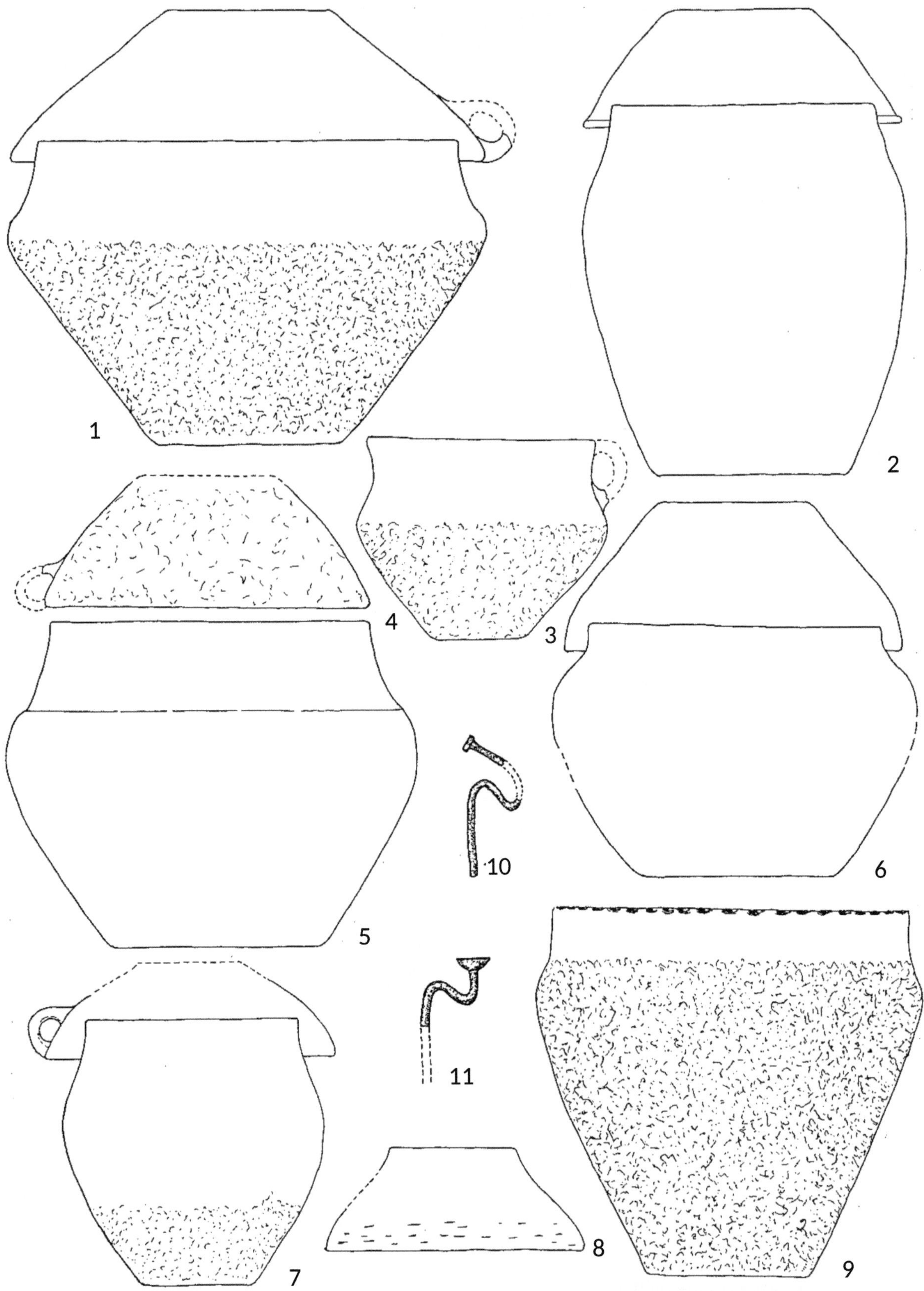

Taf. 9: 1 - 9 Urnen aus Amelinghausen, Ldkr. Lüneburg (Grabhügel beim Klärwerk), Keramik M. 1:4; 10 – 11 Beigaben aus Eyendorf, Ldkr. Harburg, M. 1:2.

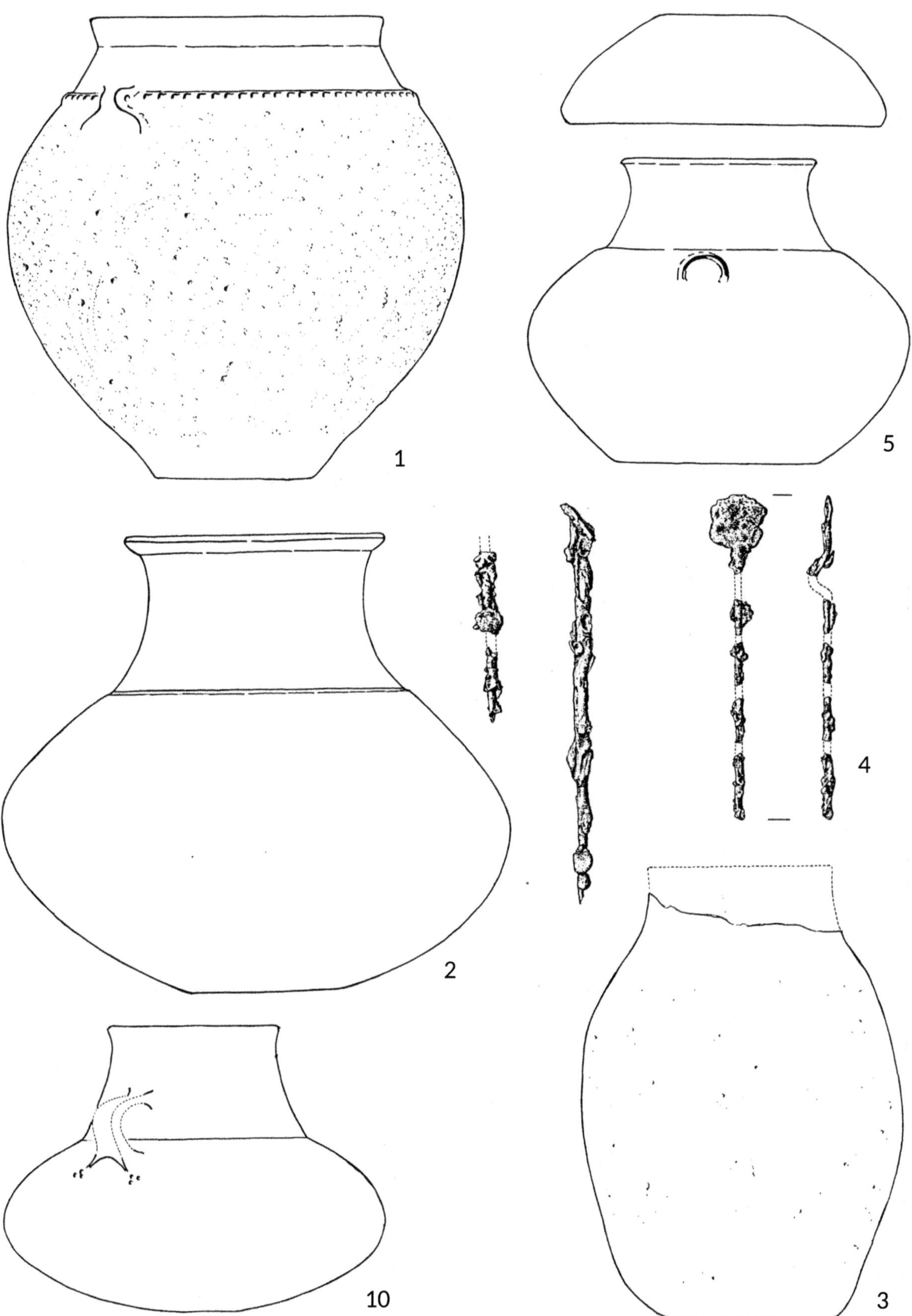

Taf. 10: Urnen und Beigaben aus Ehlbeck, Ldkr. Lüneburg. Keramik M. 1:4; Beigaben M. 1:2.

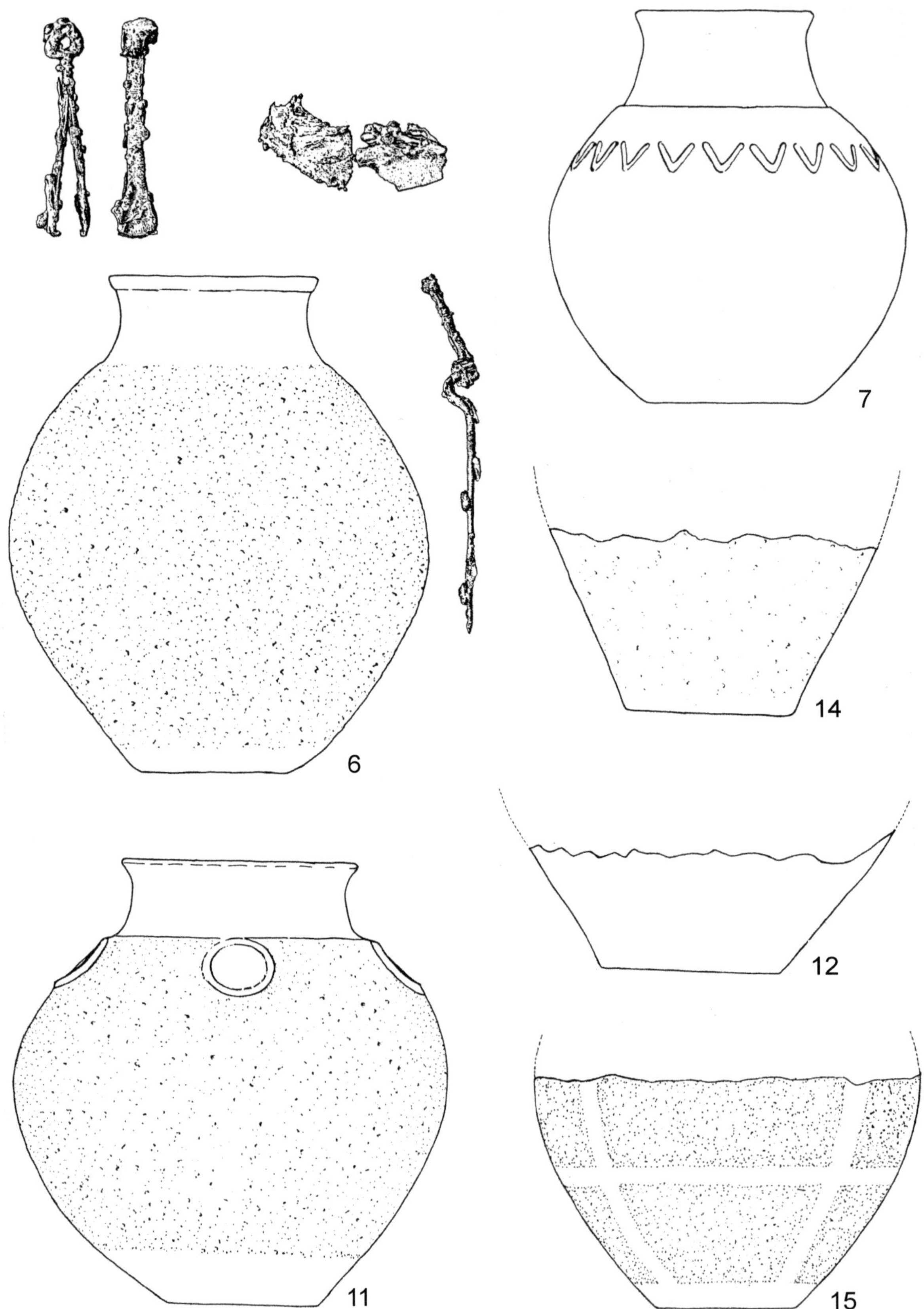

Taf. 11: Urnen und Beigaben aus Ehlbeck, Ldkr. Lüneburg. Keramik M. 1:4; Beigaben M. 1:2.

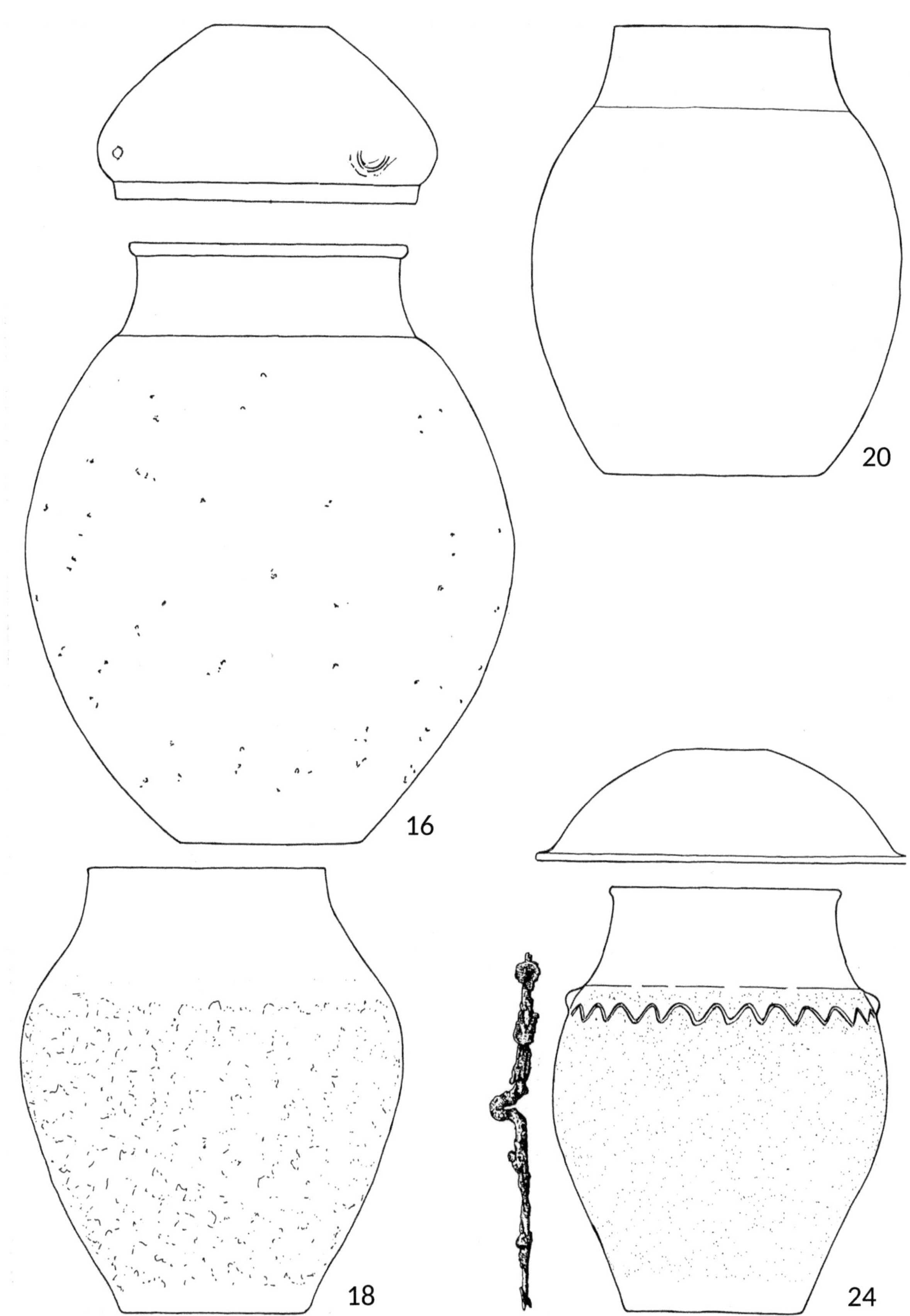

Taf. 12: Urnen und Beigaben aus Ehlbeck, Ldkr. Lüneburg. Keramik M. 1:4; Beigaben M. 1:2.

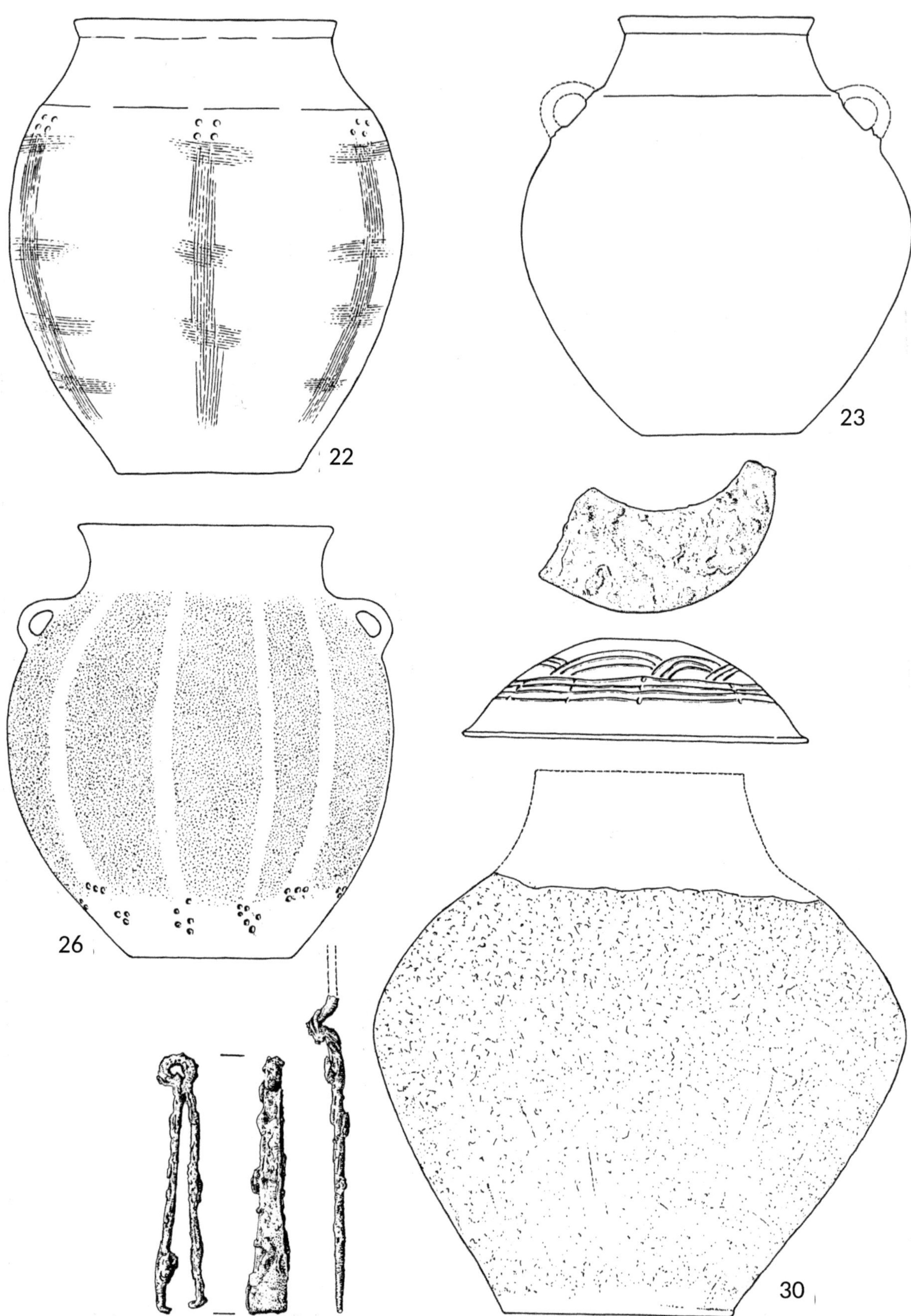

Taf. 13: Urnen und Beigaben aus Ehlbeck, Ldkr. Lüneburg. Keramik M. 1:4; Beigaben M. 1:2.

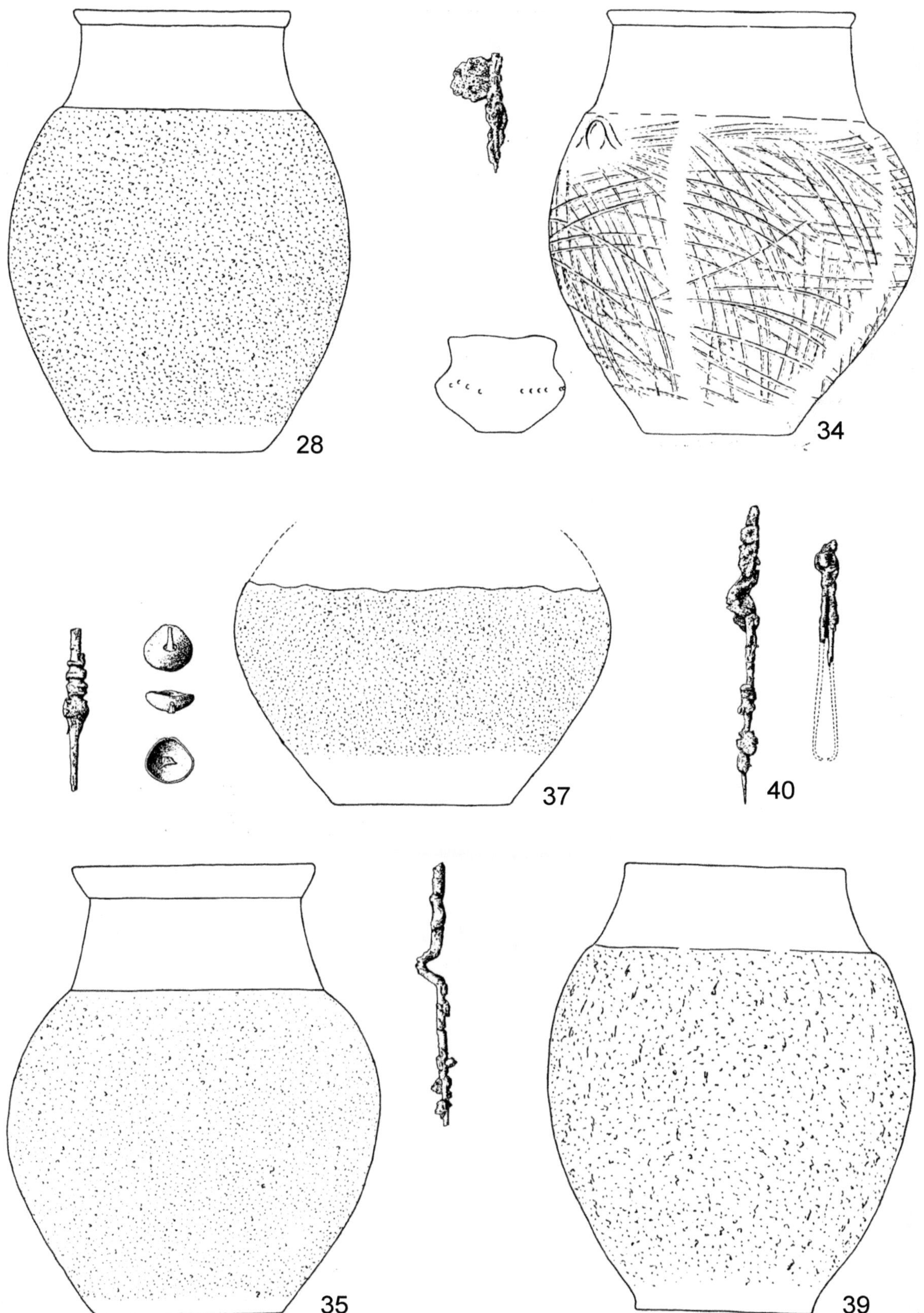

Taf. 14: Urnen und Beigaben aus Ehlbeck, Ldkr. Lüneburg. Keramik M. 1:4; Beigaben M. 1:2.

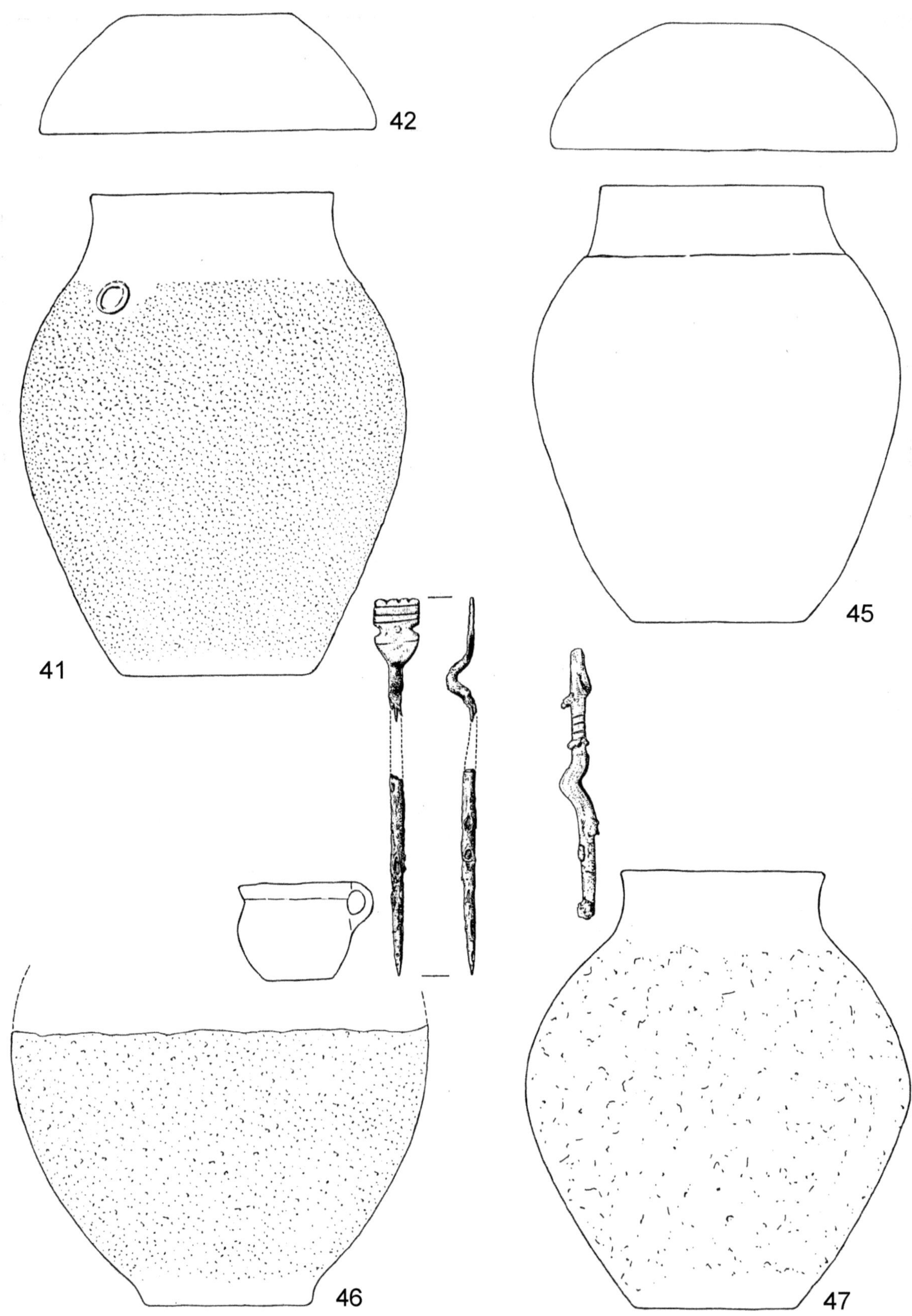

Taf. 15: Urnen und Beigaben aus Ehlbeck, Ldkr. Lüneburg. Keramik M. 1:4; Beigaben M. 1:2.

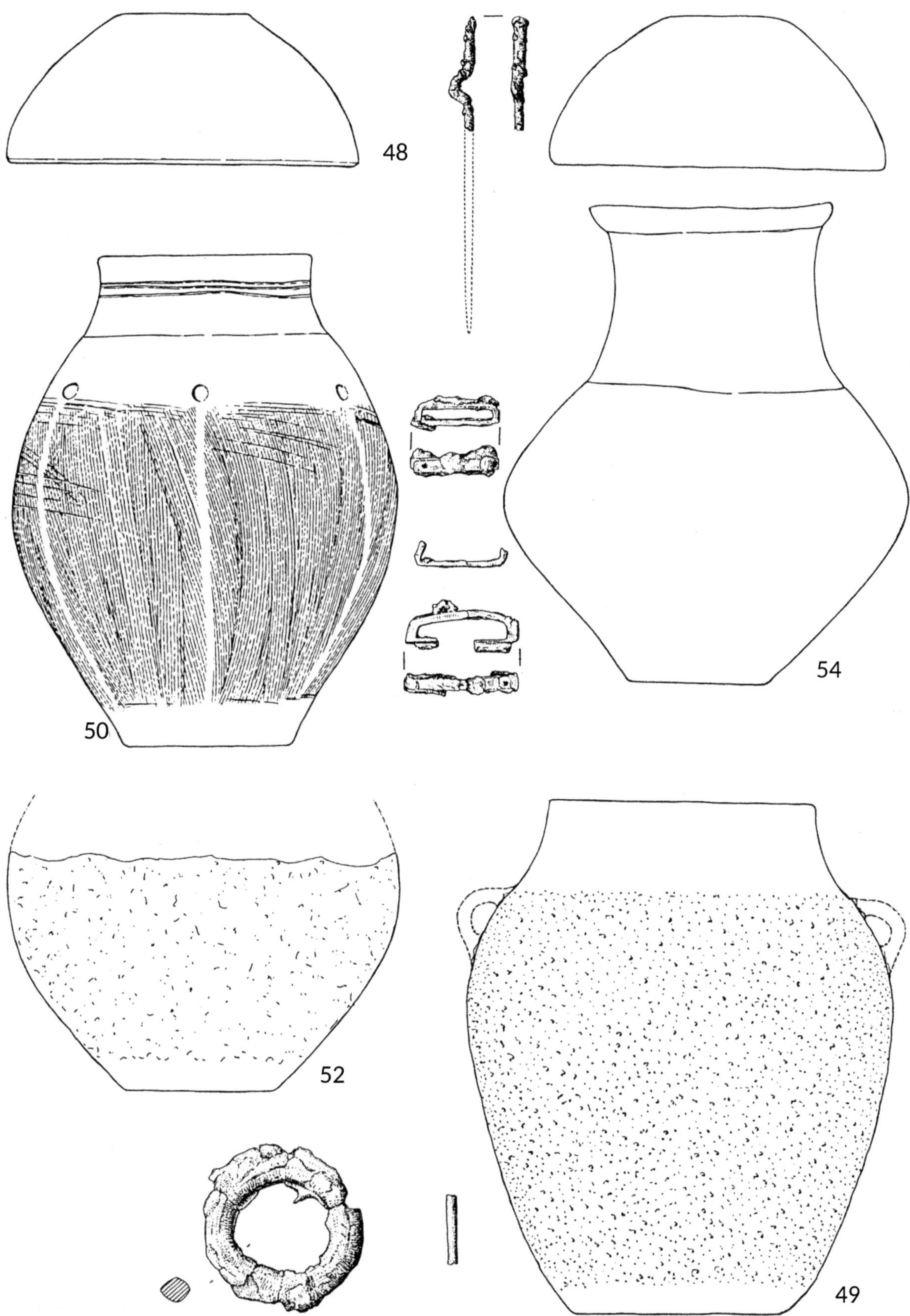

Taf. 16: Urnen und Beigaben aus Ehlbeck, Ldkr. Lüneburg. Keramik M. 1:4; Beigaben M. 1:2.

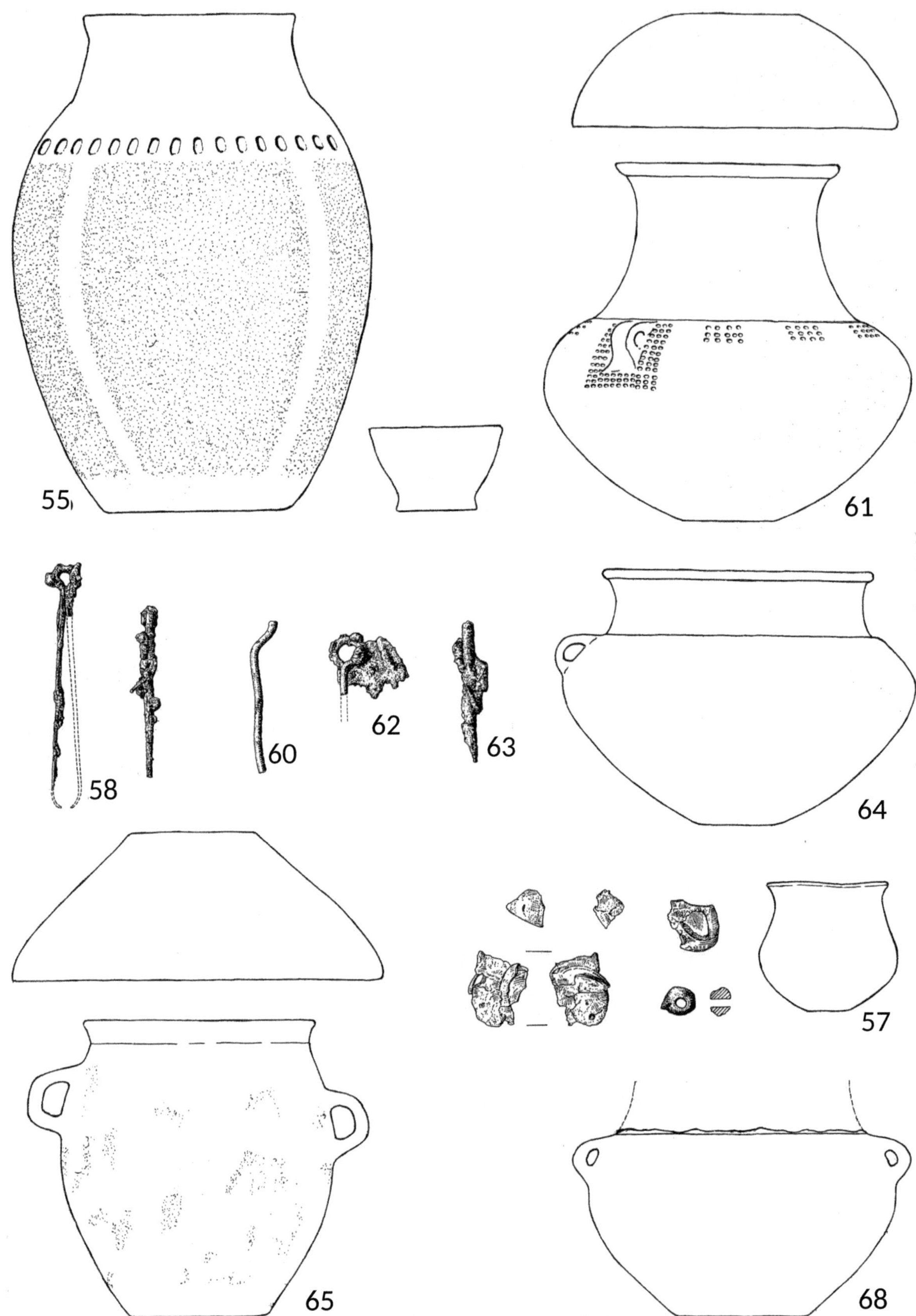

Taf. 17: Urnen und Beigaben aus Ehlbeck, Ldkr. Lüneburg. Keramik M. 1:4; Beigaben M. 1:2.

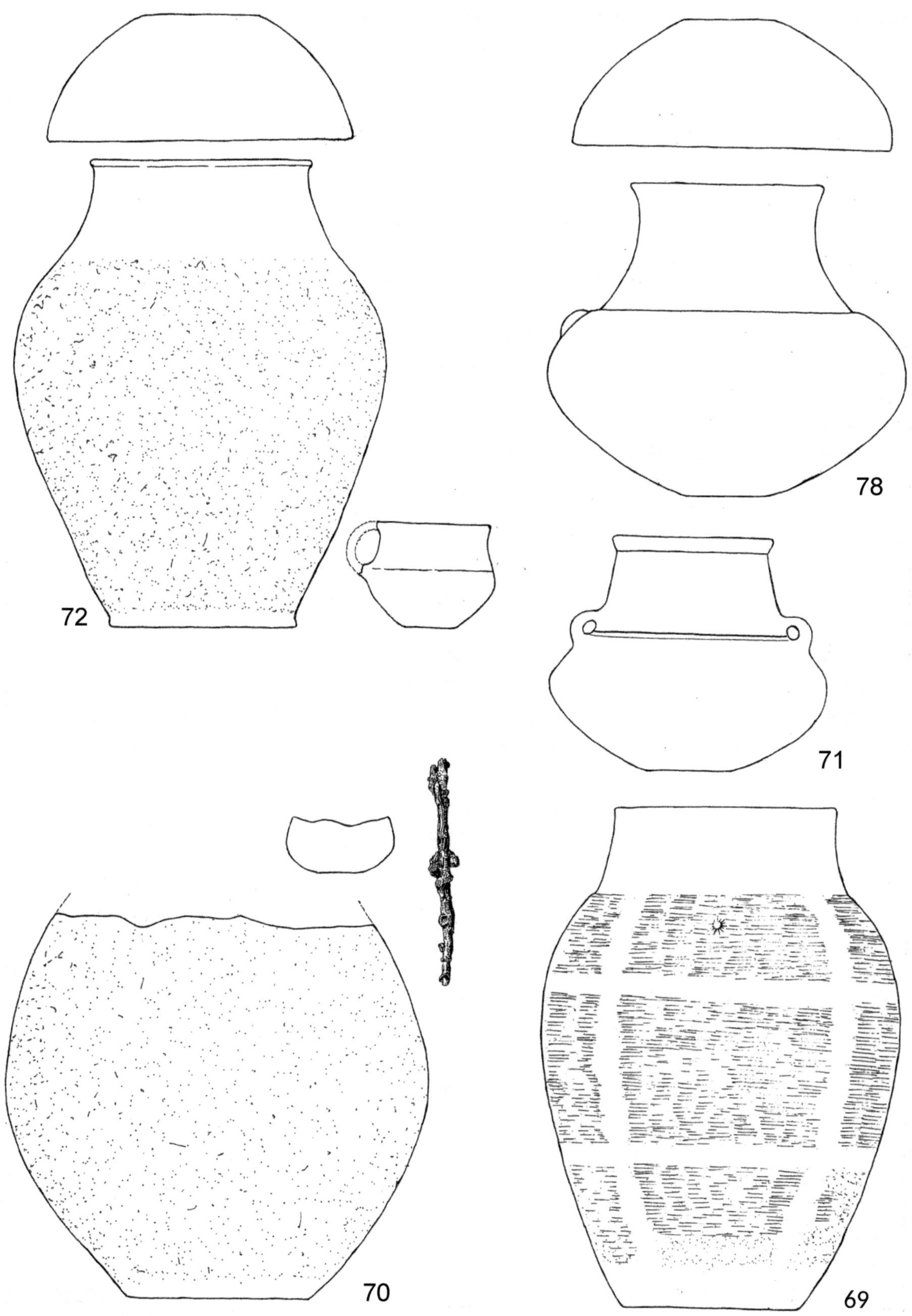

Taf. 18: Urnen und Beigaben aus Ehlbeck, Ldkr. Lüneburg. Keramik M. 1:4; Beigaben M. 1:2.

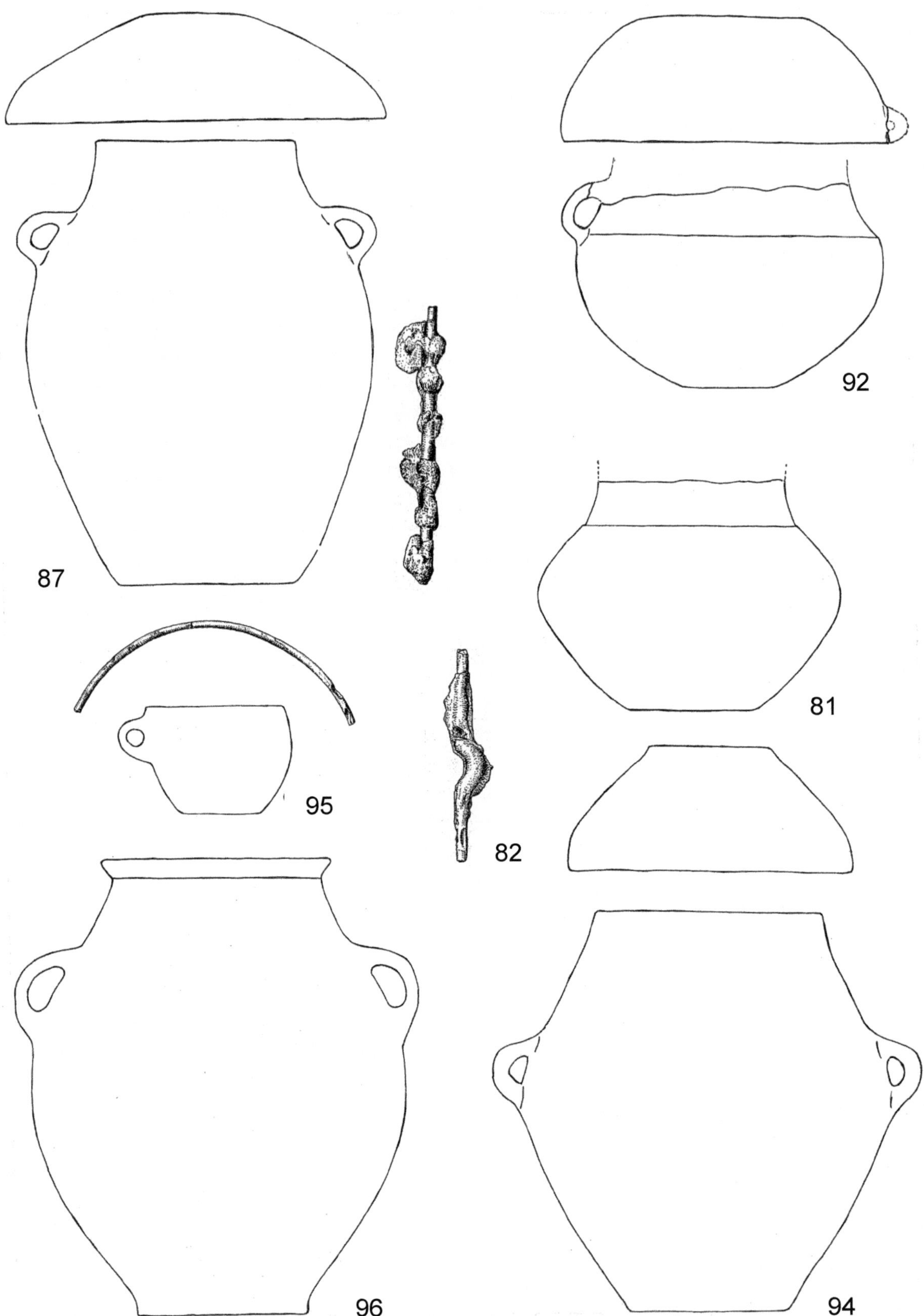

Taf. 19: Urnen und Beigaben aus Ehlbeck, Ldkr. Lüneburg. Keramik M. 1:4; Beigaben M. 1:2.

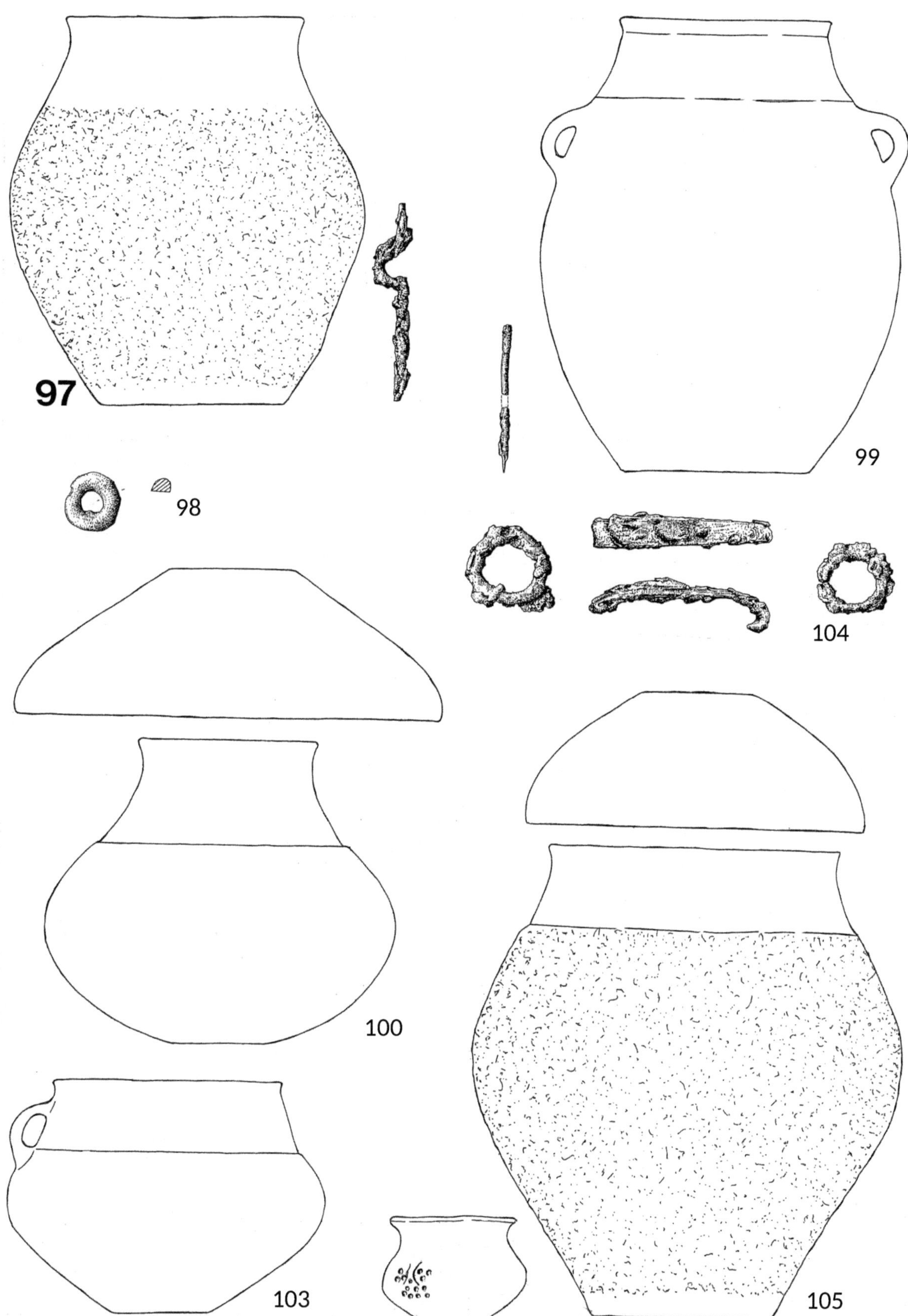

Taf. 20: Urnen und Beigaben aus Ehlbeck, Ldkr. Lüneburg. Keramik M. 1:4; Beigaben M. 1:2.

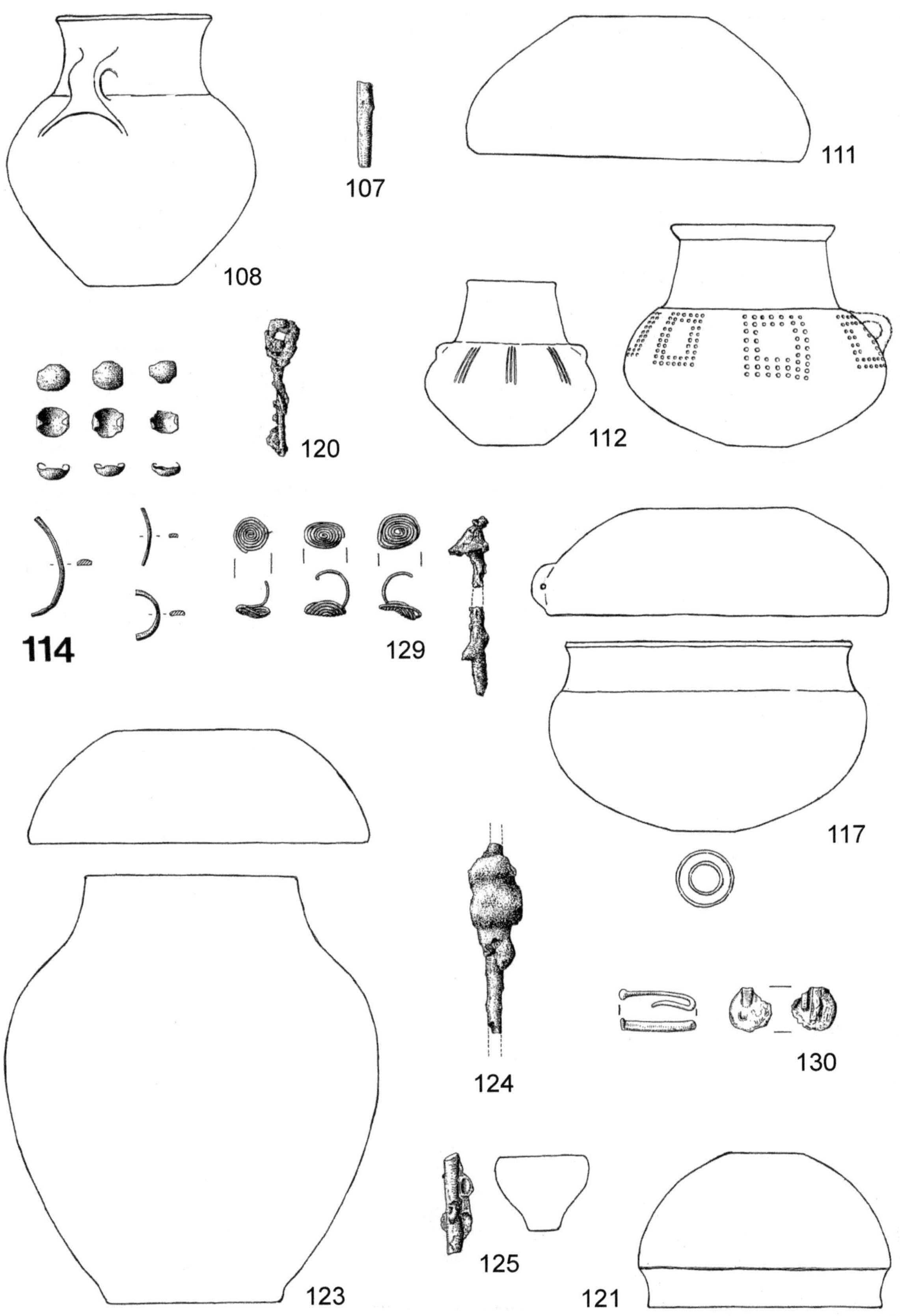

Taf. 21: Urnen und Beigaben aus Ehlbeck, Ldkr. Lüneburg. Keramik M. 1:4; Beigaben M. 1:2.

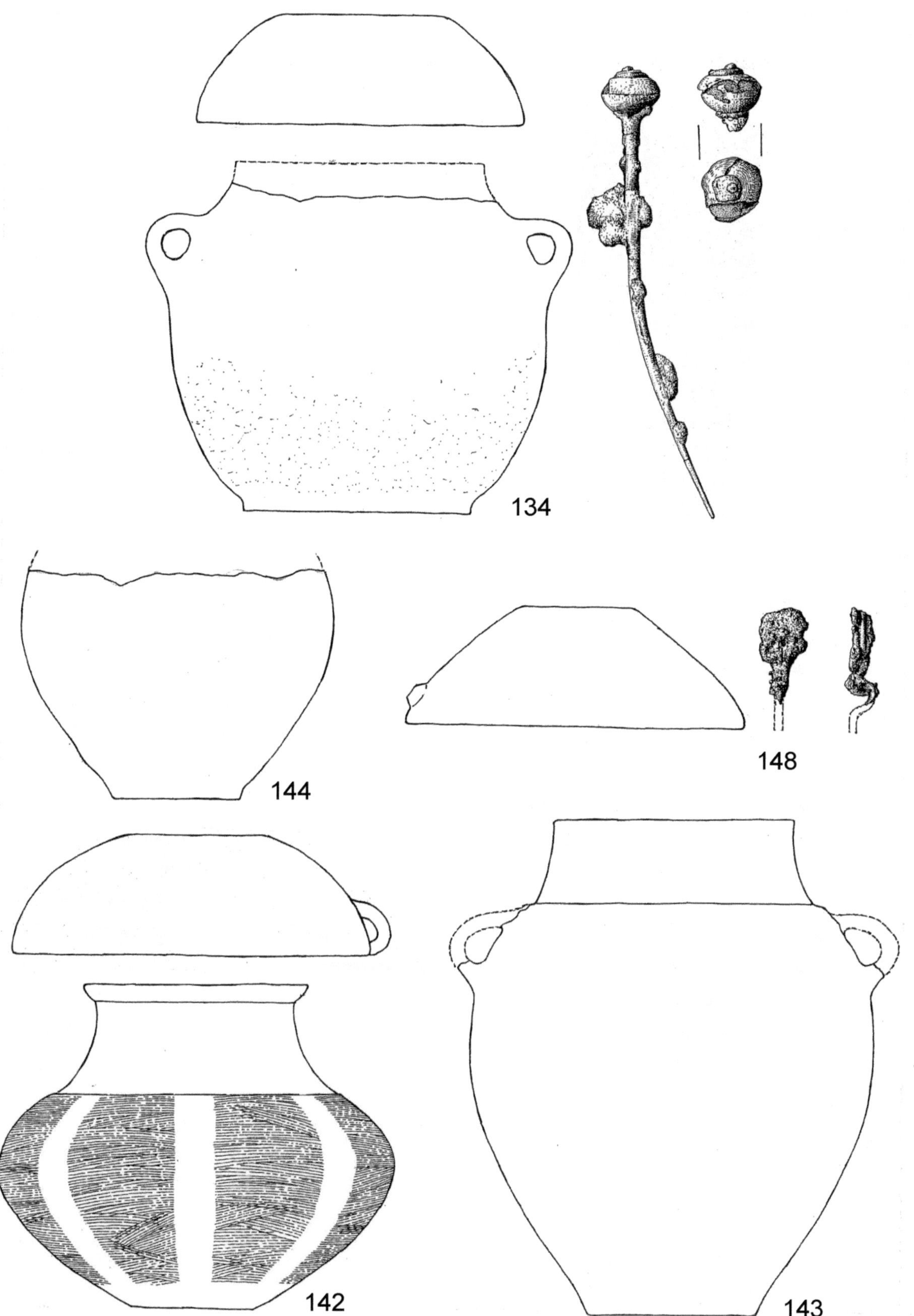

Taf. 22: Urnen und Beigaben aus Ehlbeck, Ldkr. Lüneburg. Keramik M. 1:4; Beigaben M. 1:2.

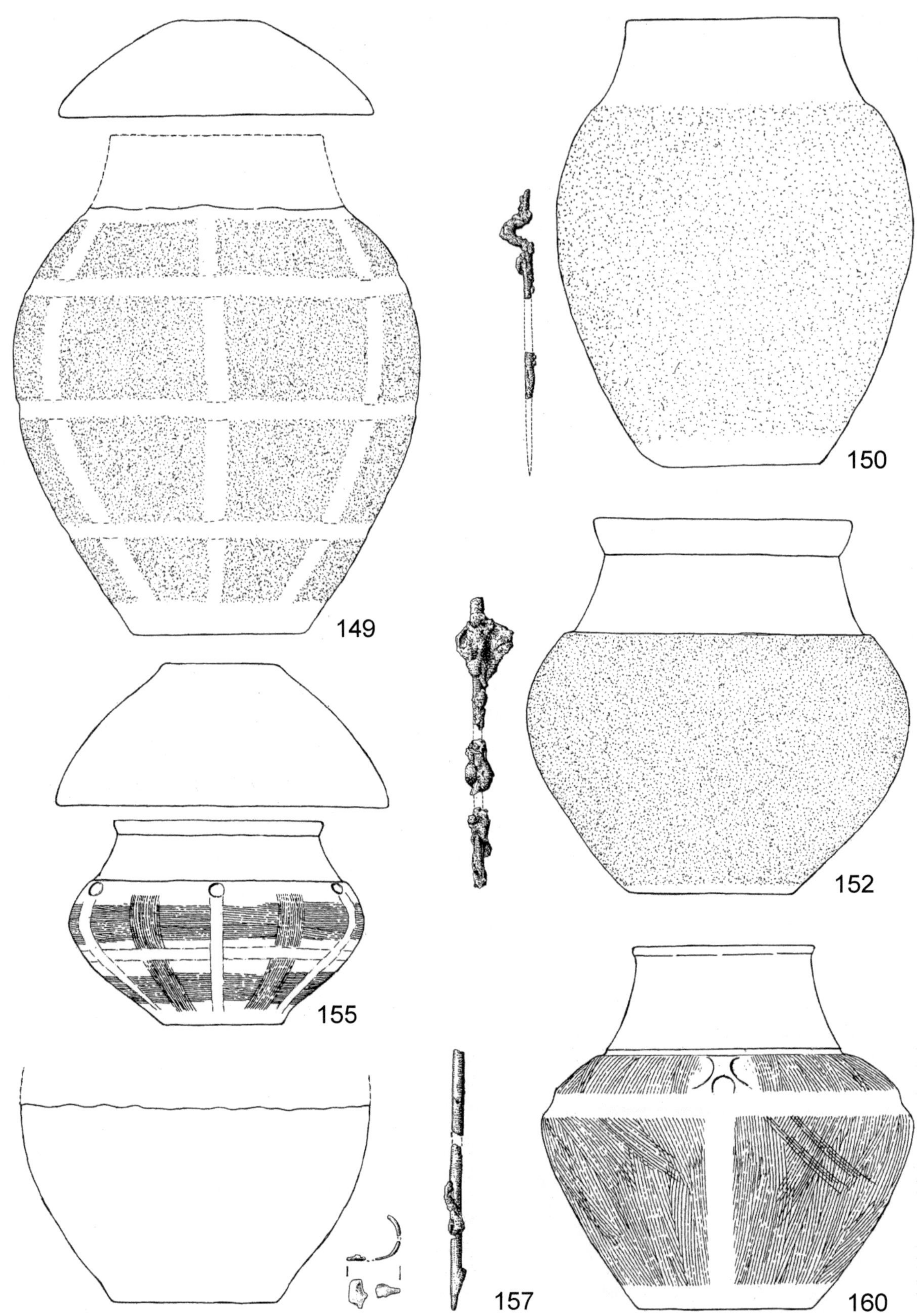

Taf. 23: Urnen und Beigaben aus Ehlbeck, Ldkr. Lüneburg. Keramik M. 1:4; Beigaben M. 1:2.

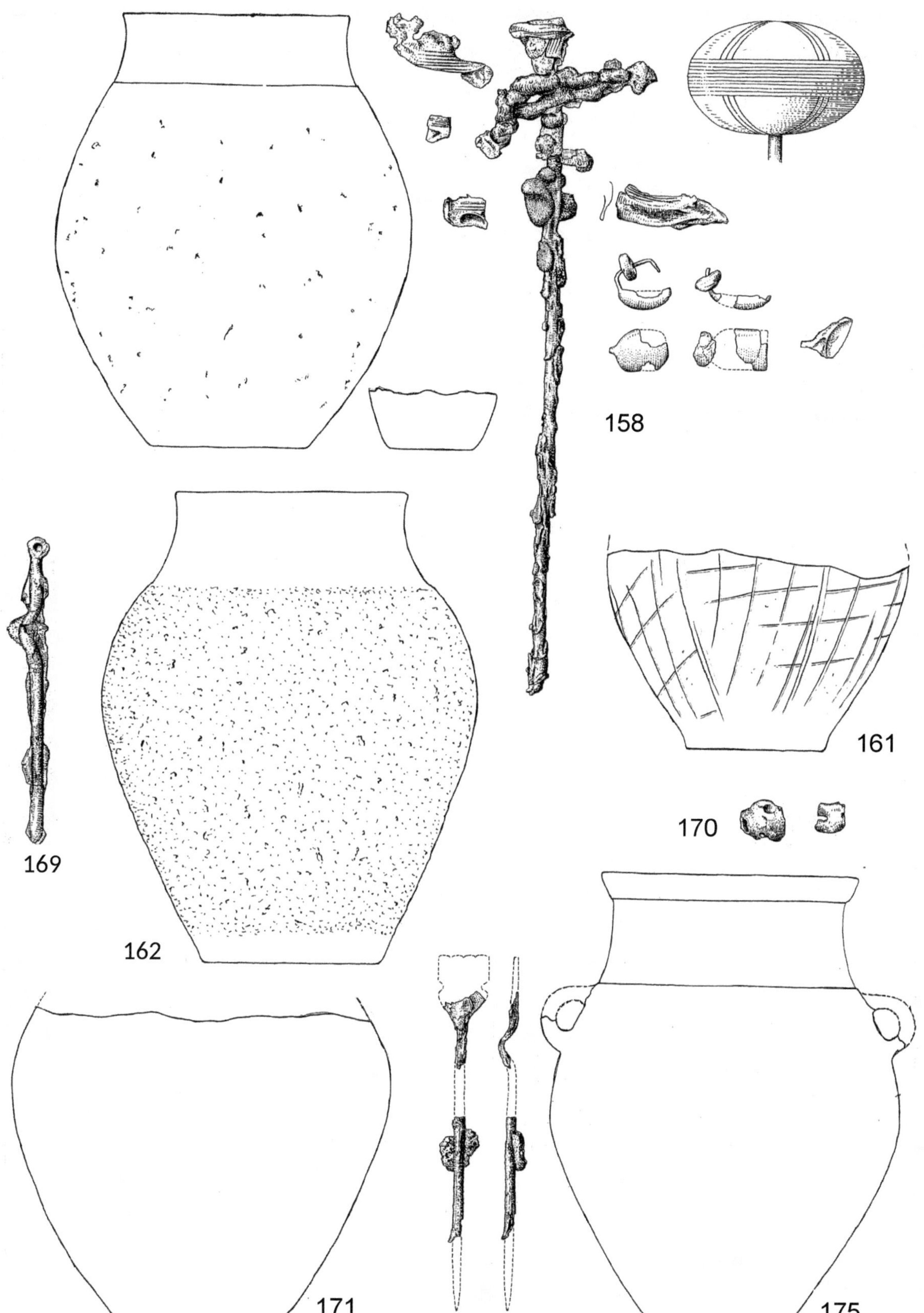

Taf. 24: Urnen und Beigaben aus Ehlbeck, Ldkr. Lüneburg. Keramik M. 1:4; Beigaben M. 1:2.

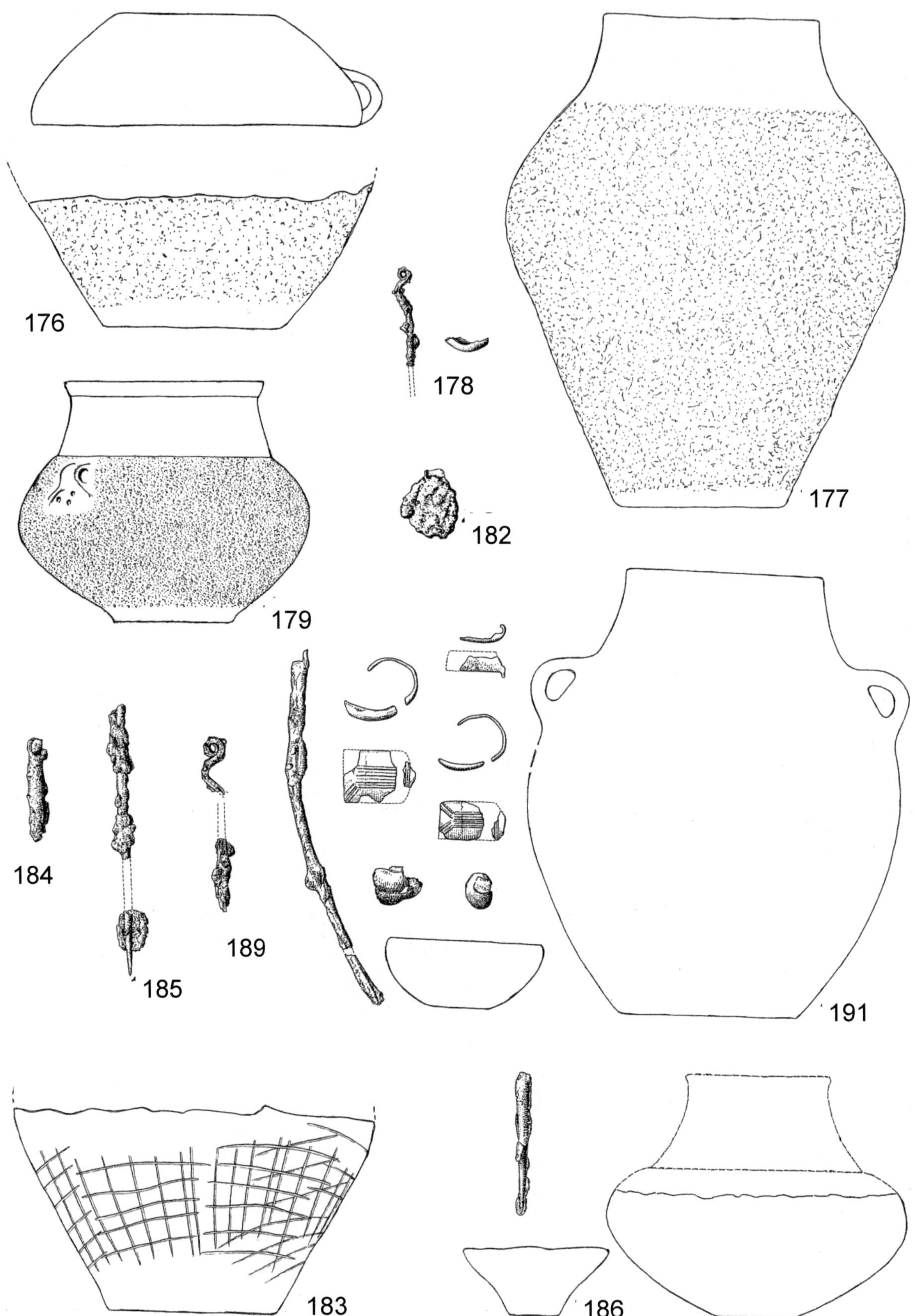

Taf. 25: Urnen und Beigaben aus Ehlbeck, Ldkr. Lüneburg. Keramik M. 1:4; Beigaben M. 1:2.

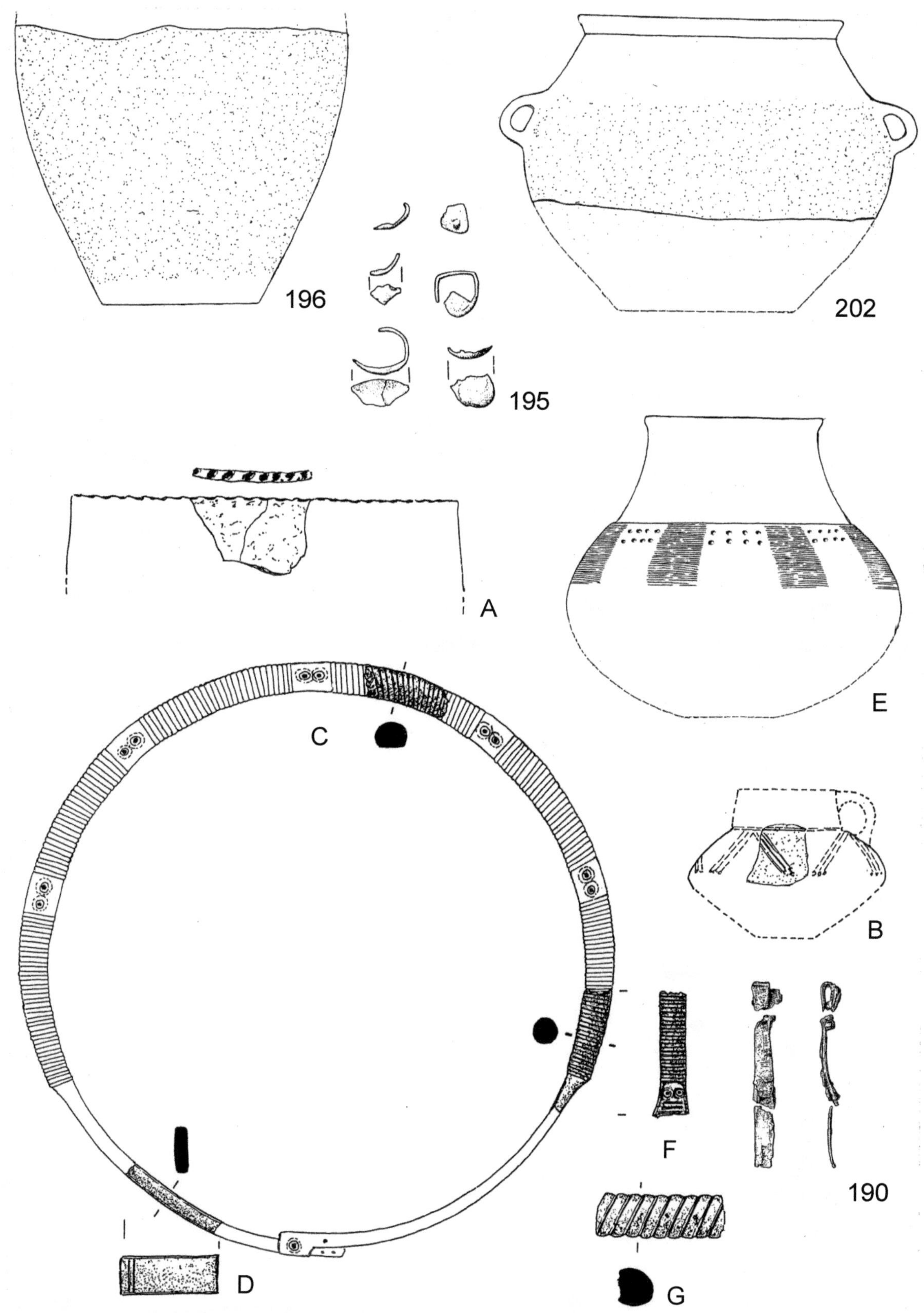

Taf. 26: Urnen und Beigaben aus Ehlbeck, Ldkr. Lüneburg. Keramik M. 1:4; Beigaben M. 1:2.

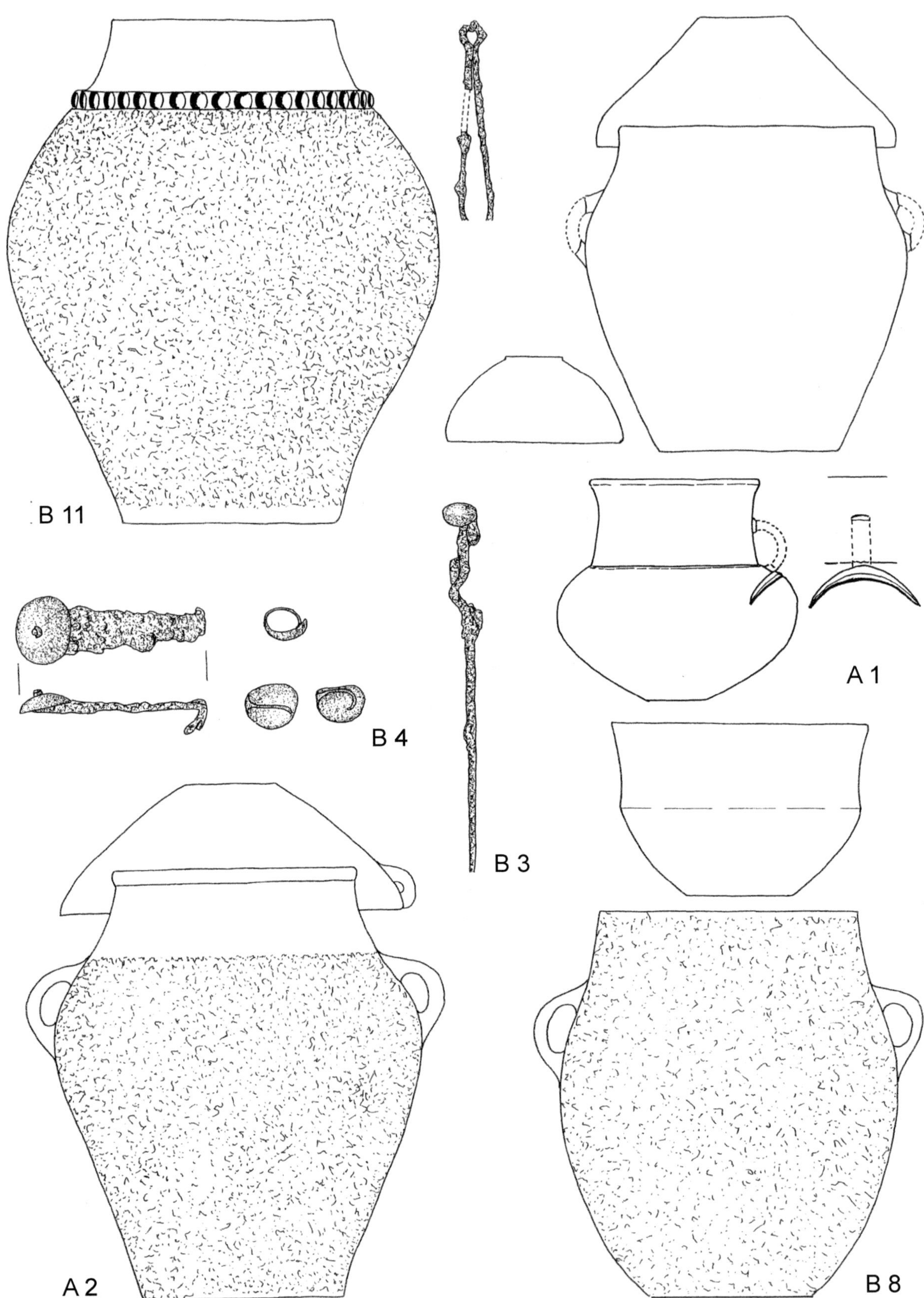

Taf. 27: Urnen und Beigaben aus Rehlingen, Ldkr. Lüneburg. Keramik M. 1:4; Beigaben M. 1:2. Umzeichnungen nach KRÜGER 1926.

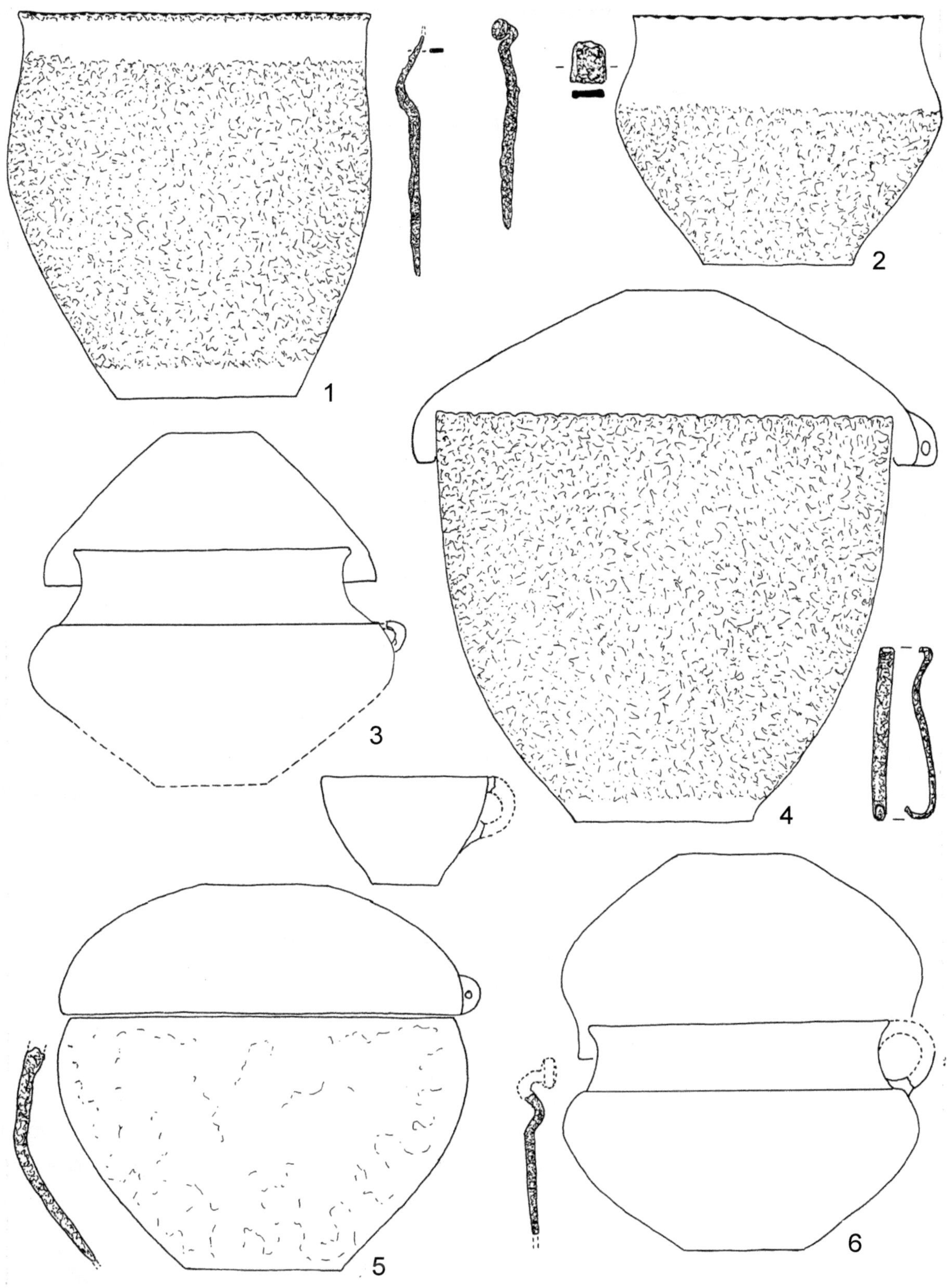

Taf. 28: Ausgewählte Urnen und Beigaben vom Urnenfriedhof Soderstorf 28, Ldkr. Lüneburg. 1 Urne 244; 2 Urne 175; 3 Urne 74; 4 Urne 40; 5 Urne 186 und Beigefäß; 6 Urne 119. Keramik M. 1:4; Beigaben M. 1:2. Umzeichnungen nach HÄSSLER 1976.

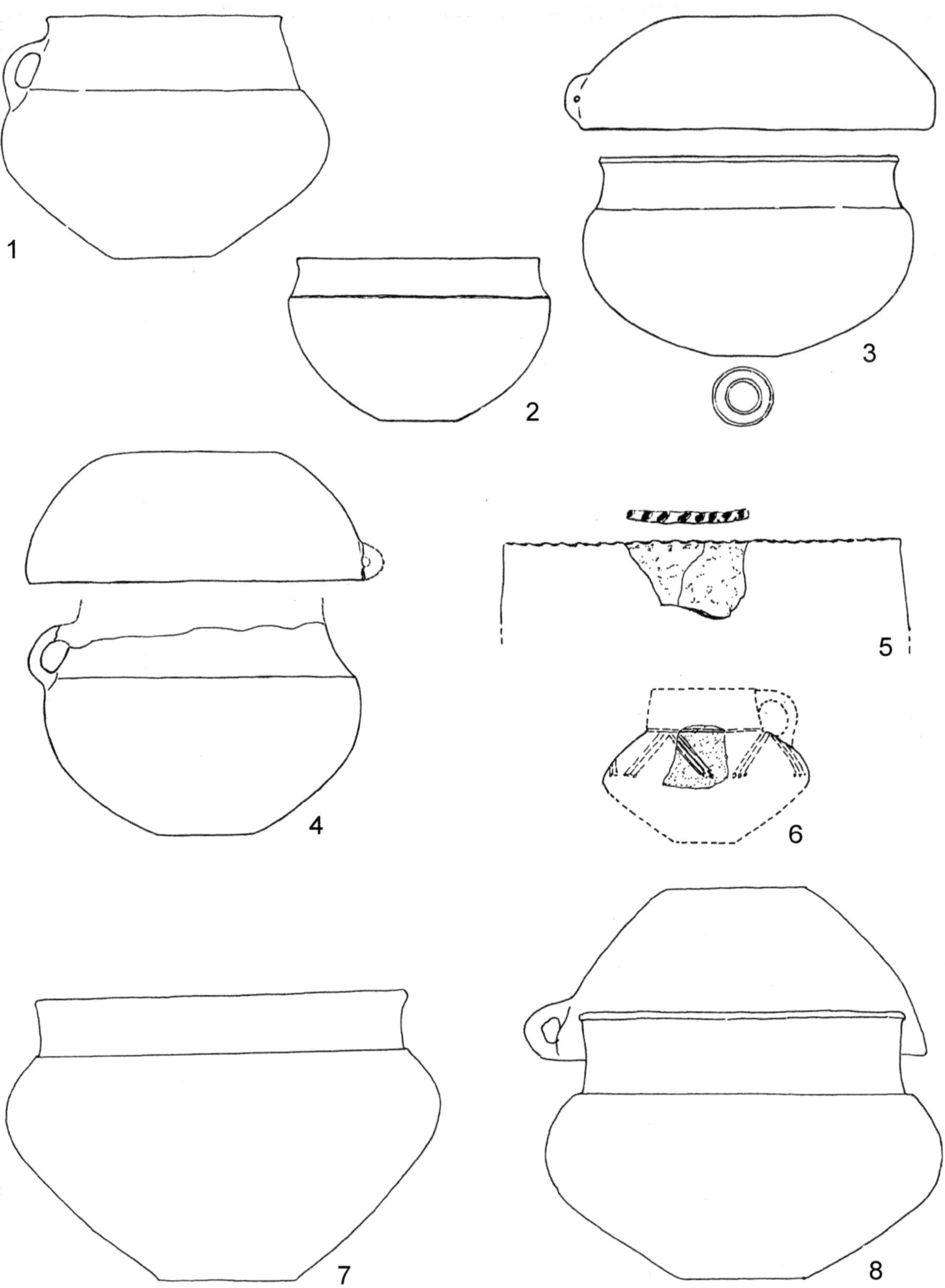

Taf. 29: Urnen vom Urnenfriedhof Ehlbeck, Ldkr. Lüneburg. 1 Urne 103; 2 Urne 121; 3 Urne 117; 4 Urne 92; 5 Scherben von Fundstelle A; 6 Scherben von Fundstelle B: Urnen vom Urnenfriedhof Putensen, Gem. Salzhausen, Ldkr. Harburg: 7 Urne 411; 8 Urne 68. Keramik M. 1:4.
7 - 8 nach WEGEWITZ 1973.

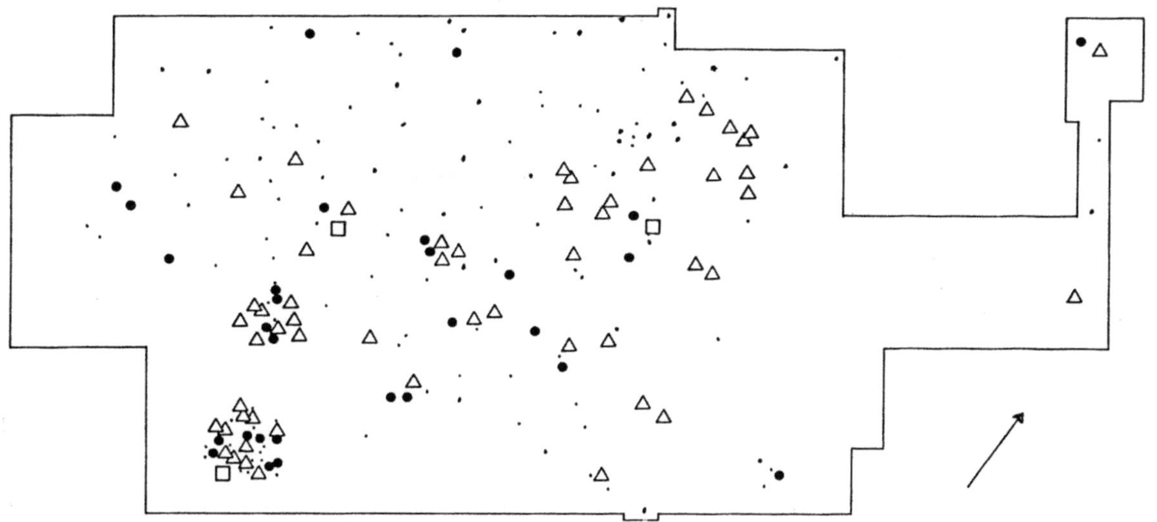

Verteilung der Deckschalen auf dem Urnenfriedhof Ehlbeck

△ Deckschale □ Deckschale über Leichenbrandlager
● Urnen ohne Deckschale • unbekannt, ob ehemals Deckschale vorhanden

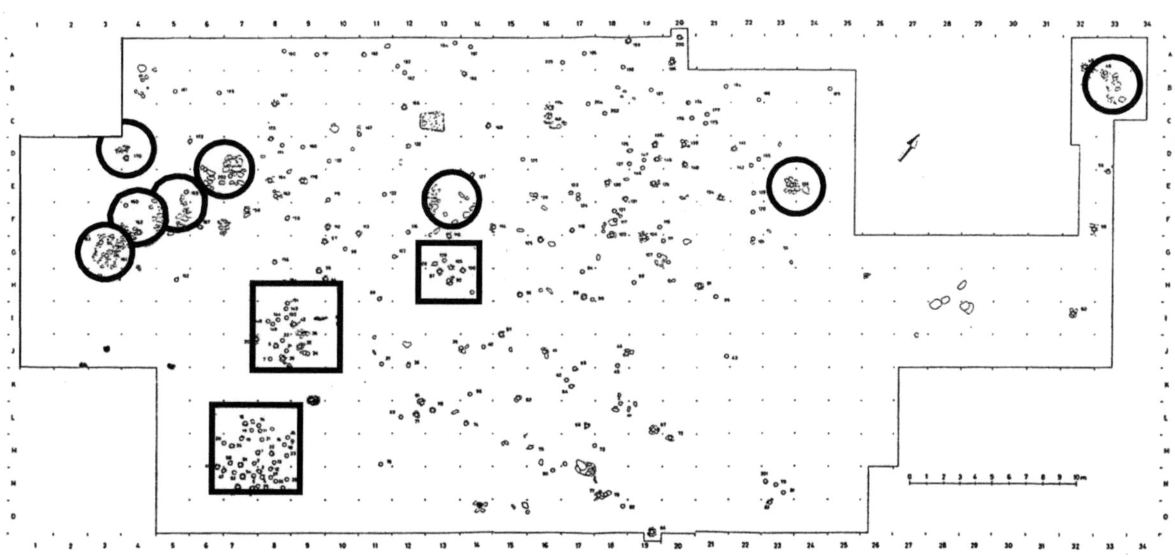

Obertägige Grabmarkierungen auf dem Urnenfriedhof Ehlbeck

○ kreisförmige Steinpflaster □ Urnenansammlungen

Taf. 30: Urnenfriedhof Ehlbeck, Ldkr. Lüneburg. A (oben); B (unten).

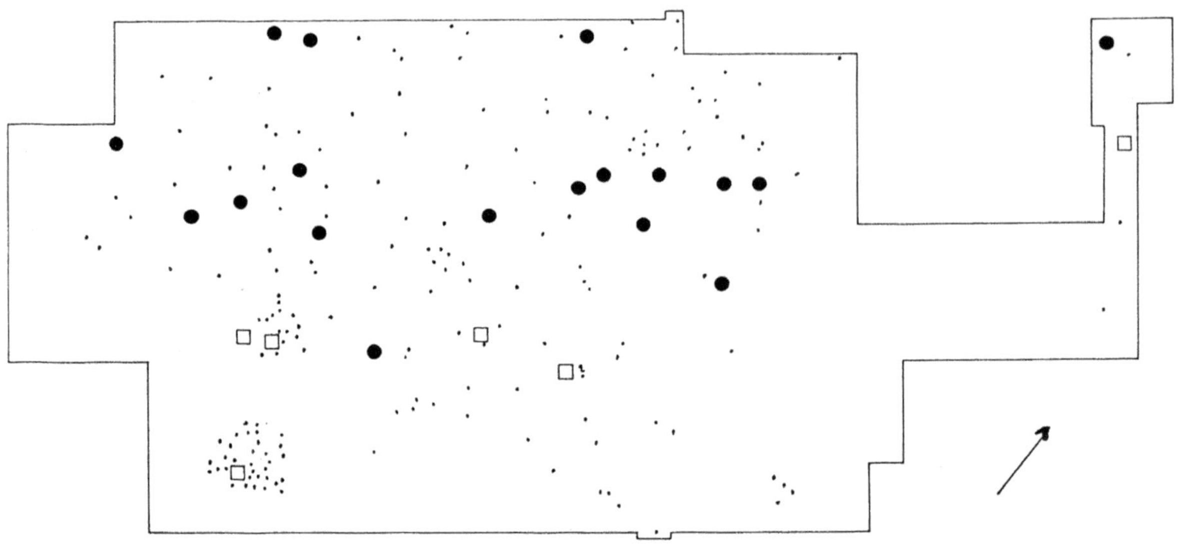

Grabbeigaben aus Männer- und Frauengräbern vom Urnenfriedhof Ehlbeck

□ Pinzetten und Rasiermesser

● Segelohrringe, geknickte Spiralohrringe, Glasperlen, Bombennadeln, gekröpfte Rollennadeln, Gürtelhaken, Gürtelringe

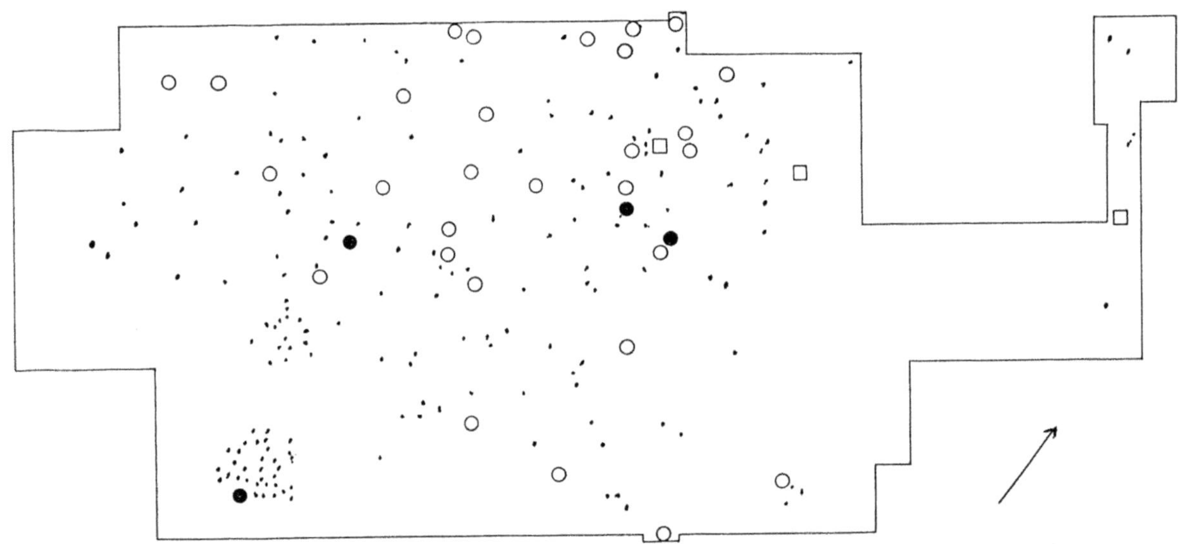

Bestattungsarten auf dem Urnenfriedhof Ehlbeck

• Urnen ○ Leichenbrandlager

● Leichenbrandlager mit Deckschale □ Kenotaphe

Taf. 31: Urnenfriedhof Ehlbeck, Ldkr. Lüneburg. A (oben); B (unten).

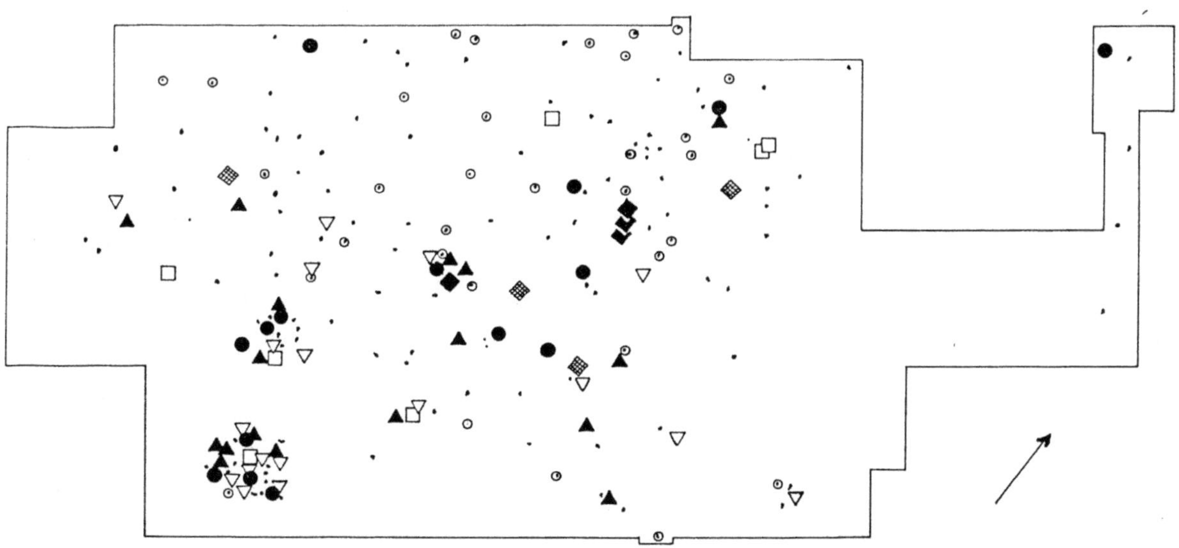

Gliedrigkeit der Urnen auf dem Urnenfriedhof Ehlbeck

● eingliedrige Urnen ▲ zweigliedrige Urnen ▽ zweigliedrige Urnen mit verstärkter Randleiste
□ dreigliedrige Urnen ❖ Urnen mit Jastorf-C Profil ◆ Terrinen, Tassen
⊙ Leichenbrandlager • Gliedrigkeit unbekannt

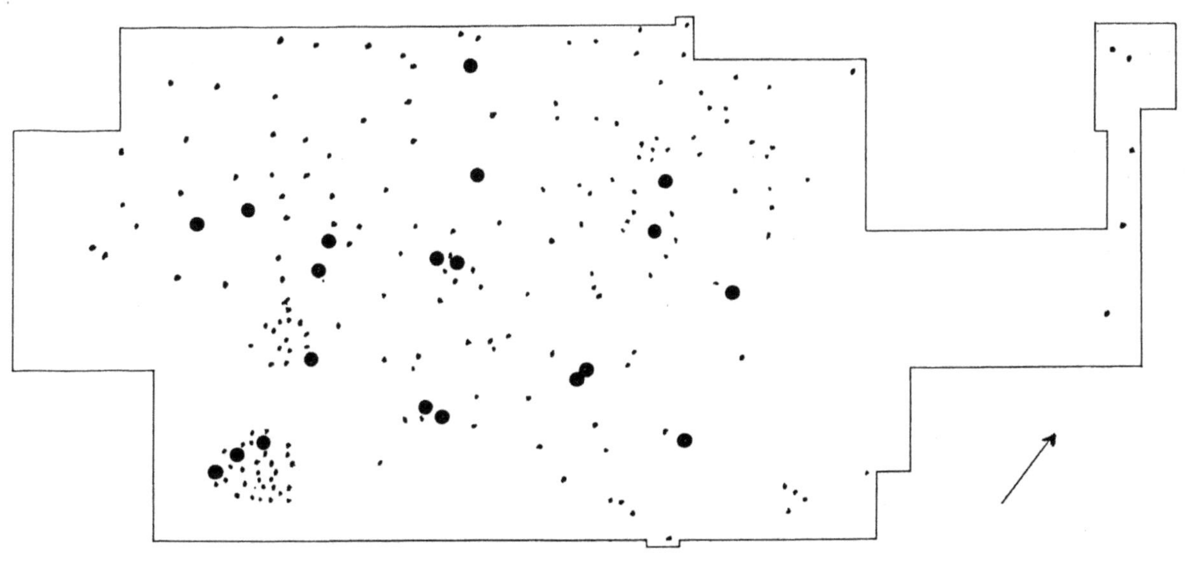

Verteilung der Beigefäße auf dem Urnenfriedhof Ehlbeck

● Beigefäße • keine Beigefäße

Taf. 32: Urnenfriedhof Ehlbeck, Ldkr. Lüneburg. A (oben); B (unten).

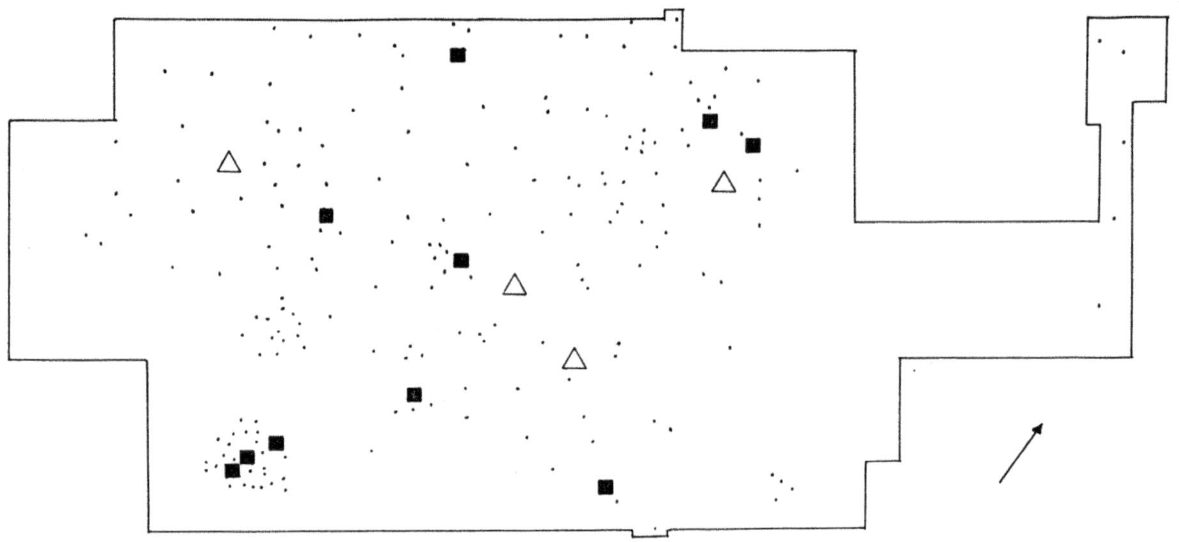

Besondere Gefäßformen auf dem Urnenfriedhof Ehlbeck

■ Ein- und zweigliedrige flaschenförmige Gefäße △ Gefäße mit Jastorf-C Profil

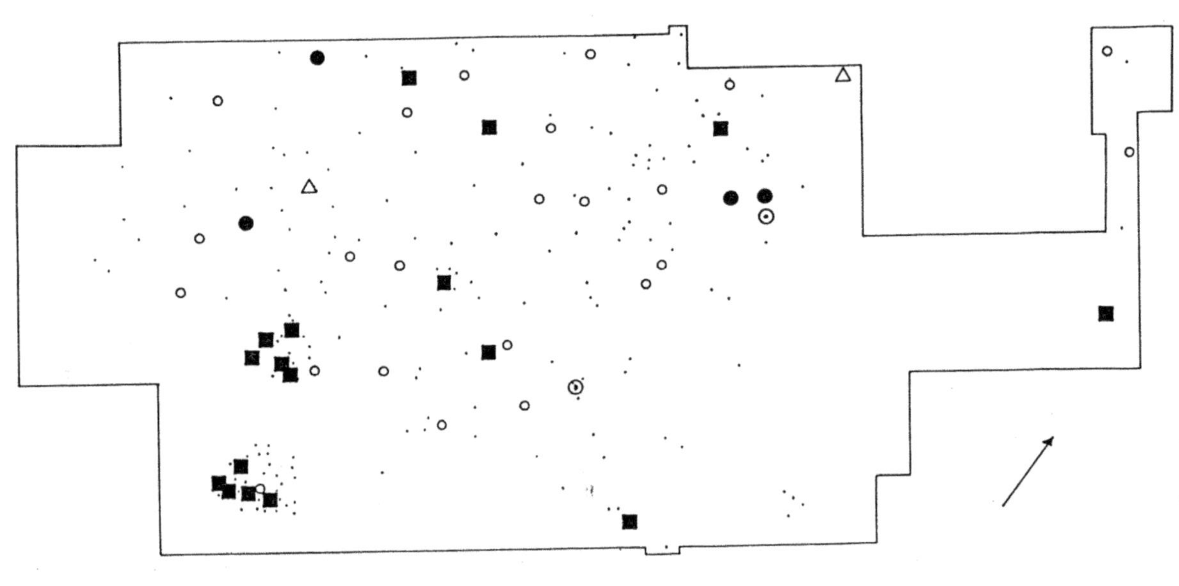

Verteilung der Nadeln auf dem Urnenfriedhof Ehlbeck

■ gekröpfte Nadeln ● Bombenkopfnadeln ⊙ vermutete Bombenkopfnadeln
○ Nadelschäfte • kein Hinweis auf Nadeln

Taf. 33: Urnenfriedhof Ehlbeck, Ldkr. Lüneburg. A (oben); B (unten).

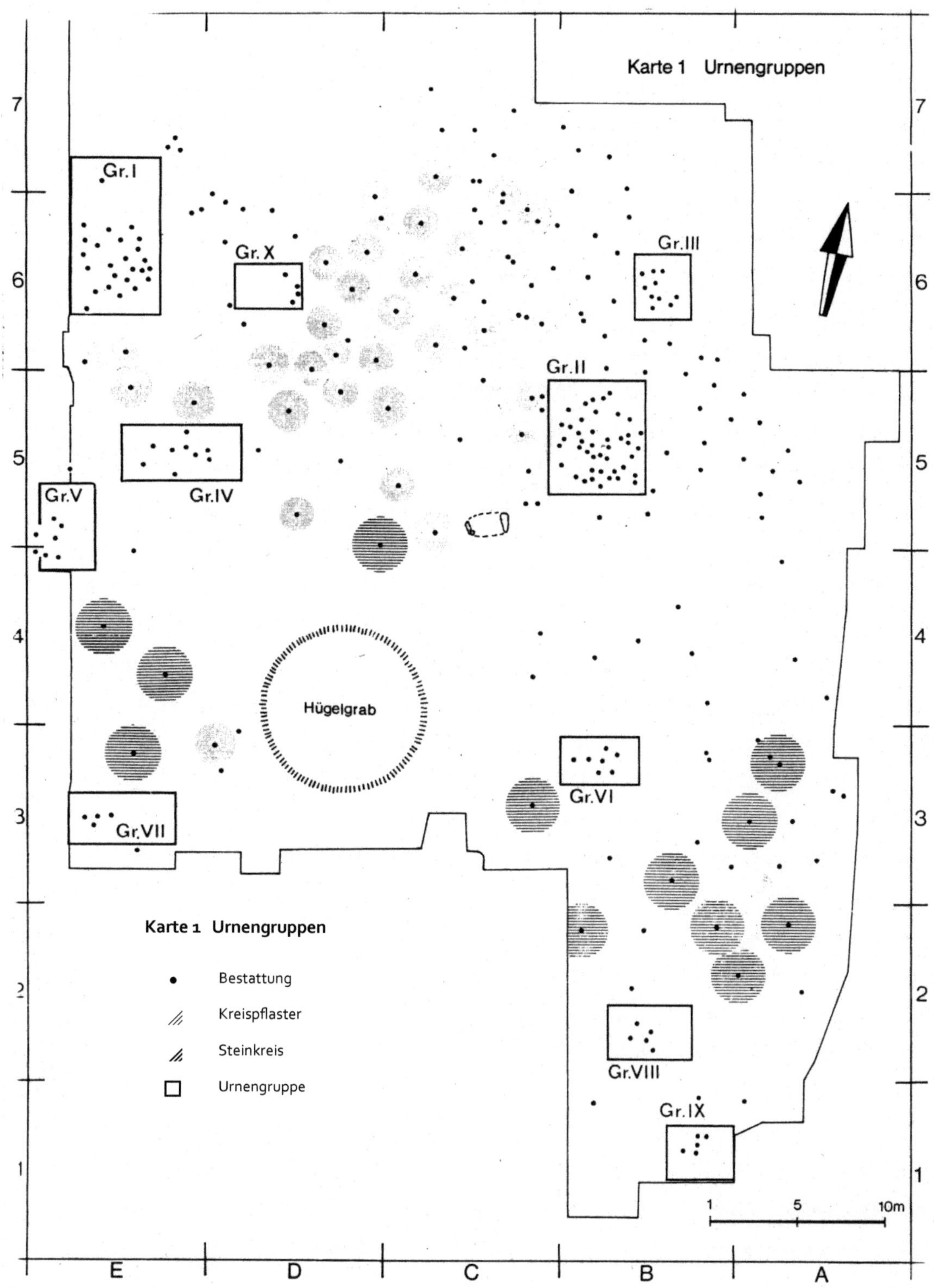

Taf. 34: Urnengruppen auf dem Urnenfriedhof Soderstorf 28, Ldkr. Lüneburg (Karte 1 nach HÄSSLER 1976).

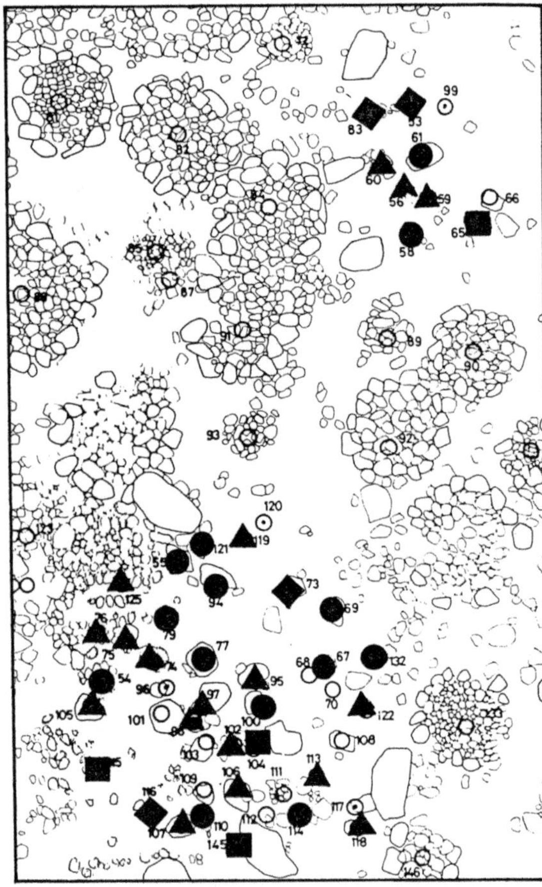

Gruppierung III und II

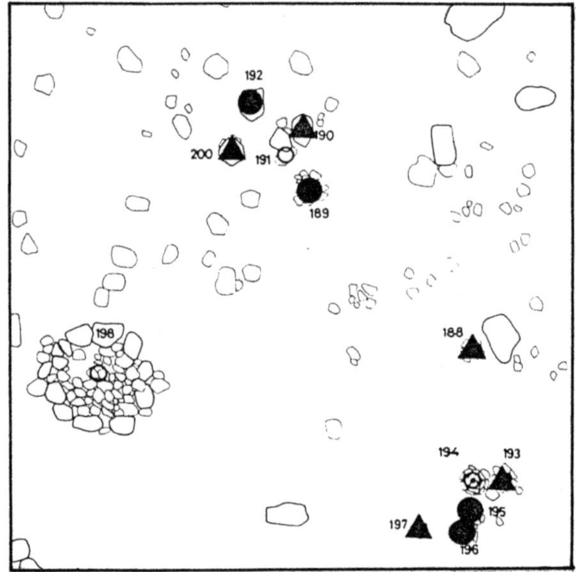

Gruppierung VIII und IX

Urnenformen

- ● eingliedrige Urnen ▲ zweigliedrige Urnen
- ◆ zweigliedrige Urnen mit verstärkter Randleiste
- ■ dreigliedrige Urnen ⊙ Leichenbrandlager
- ○ nicht bestimmbare Urnen

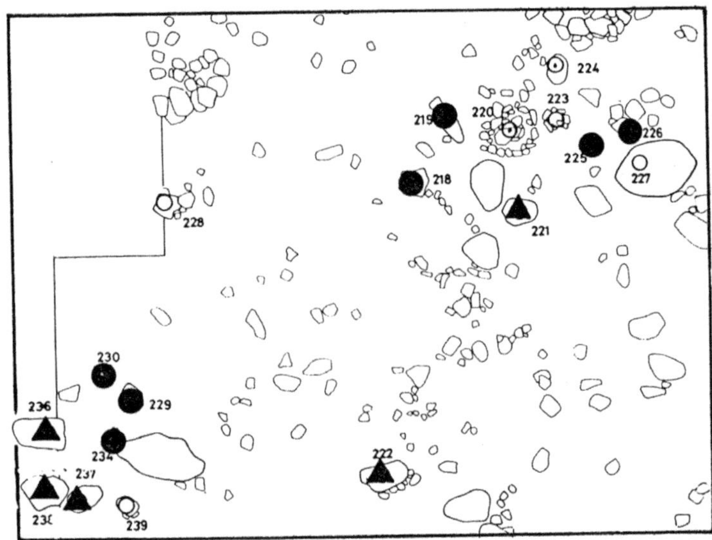

Gruppierung IV und V

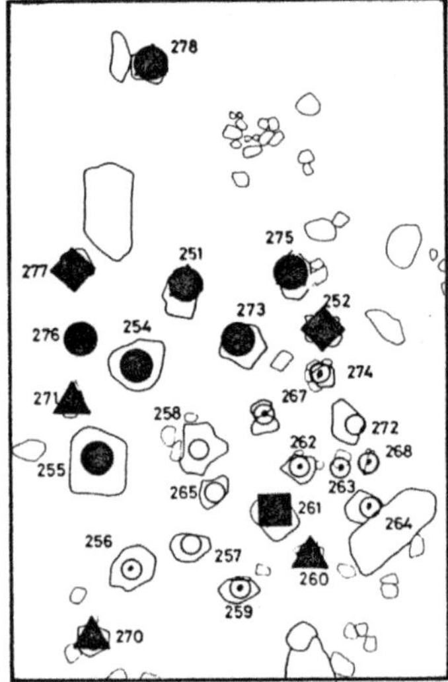

Gruppierung I

Taf. 35: Urnenfriedhof Soderstorf 28, Ldkr. Lüneburg. Verteilung der Urnen nach Gliedrigkeit auf ausgewählten Urnengruppierungen.

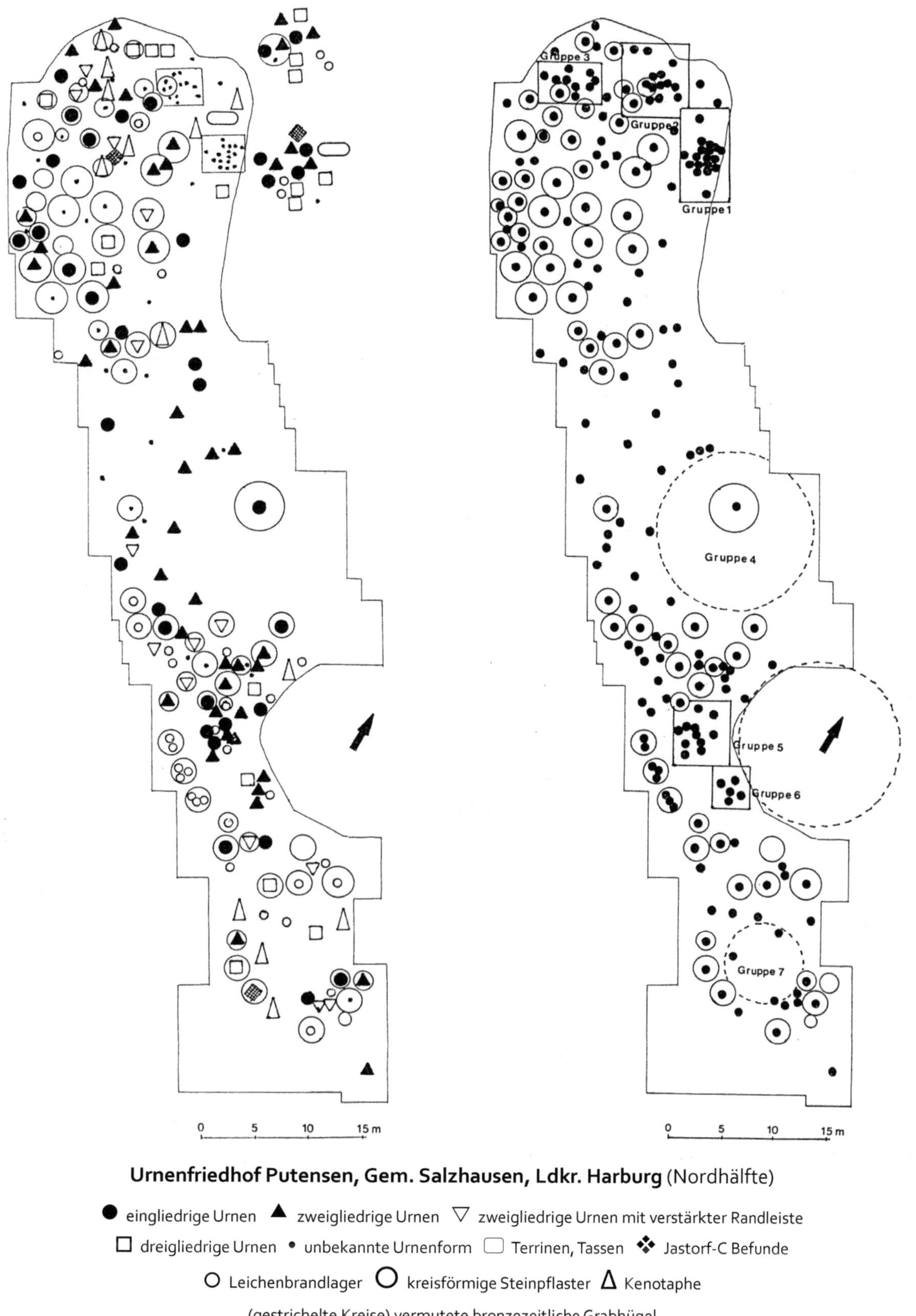

Taf. 36: Urnenfriedhof Putensen, Gem. Salzhausen, Ldkr. Harburg, Nordabschnitt A (links): Gliedrigkeit der Urnen; B (rechts) Steinpflaster und Urnenansammlungen.

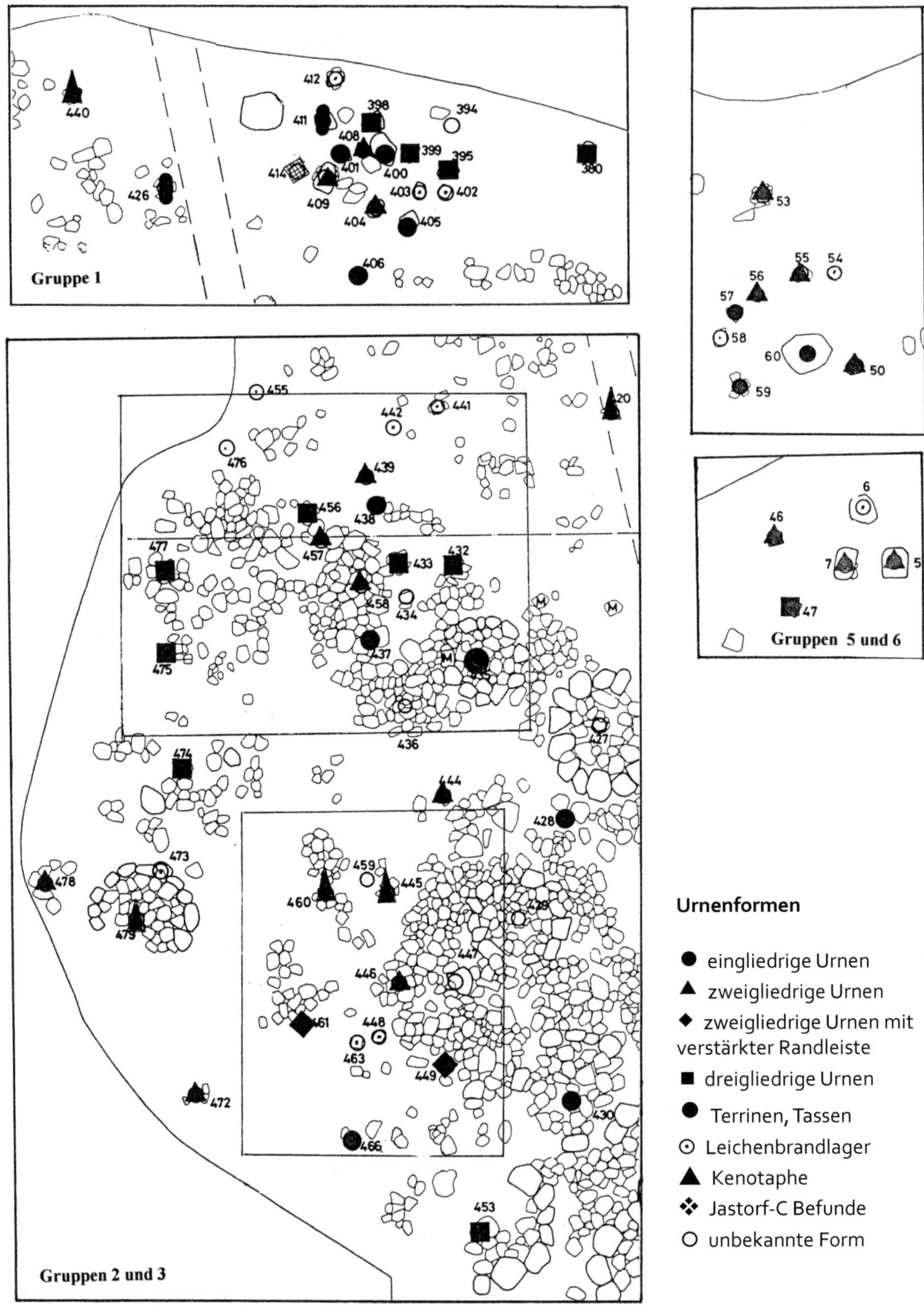

Taf. 37: Urnenfriedhof Putensen, Gem. Salzhausen, Ldkr. Harburg, Nordabschnitt. Verteilung der Urnen nach Gliedrigkeit in ausgewählten Urnenansammlungen.

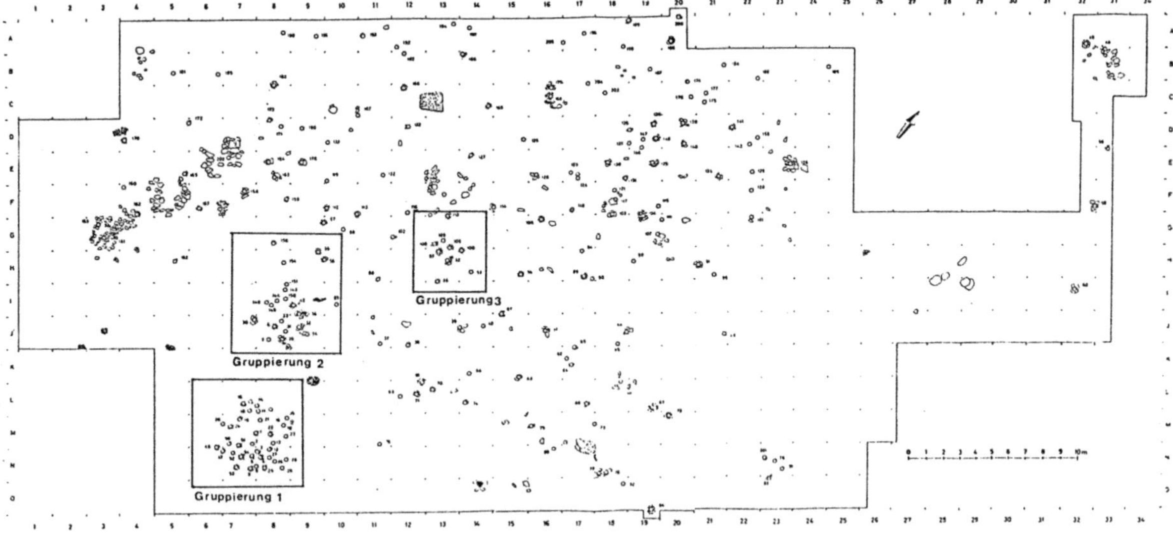

Gruppen von Urnen auf dem Urnenfriedhof Ehlbeck, Ldkr. Lüneburg

Urnenformen

● eingliedrige Urnen ▲ zweigliedrige Urnen ◆ zweigliedrige Urnen mit verstärkter Randleiste

■ dreigliedrige Urnen ⊙ Leichenbrandlager

○ nicht bestimmbare Urnen

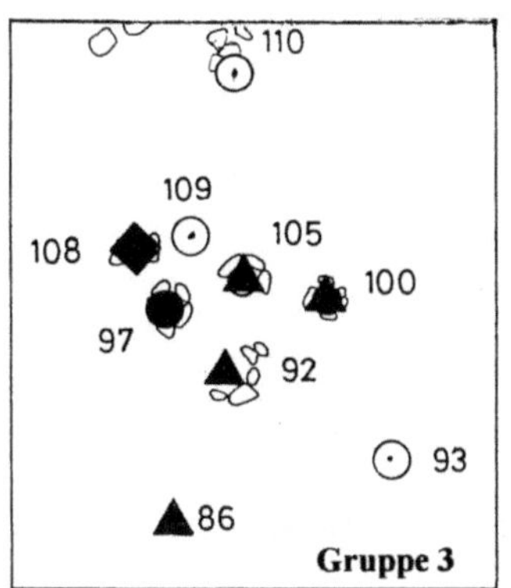

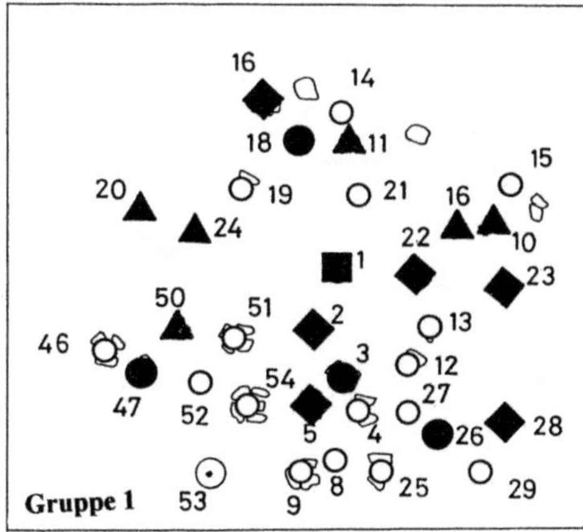

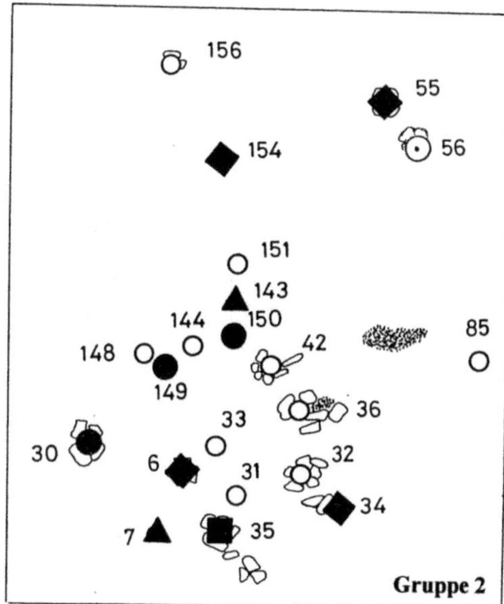

Taf. 38: Urnenfriedhof Ehlbeck, Ldkr. Lüneburg. Lage der Urnengruppen auf dem Friedhof und Gliedrigkeit der Gefäße.